文物里的抗战

人民日报社◎编

人民日报出版社

北京

图书在版编目（CIP）数据

文物里的抗战 / 人民日报社编 . -- 北京：人民日报
出版社 , 2025.8. -- ISBN 978-7-5115-8893-7

Ⅰ . K871.6

中国国家版本馆 CIP 数据核字第 2025EJ7060 号

书　　名：文物里的抗战
　　　　　WENWU LI DE KANGZHAN

作　　者：人民日报社

责任编辑：毕春月　　张雨嫣
装帧设计：新成博创
　　　　　XIN CHENG BO CHUANG

出版发行：人民日报出版社

社　　址：北京金台西路 2 号

邮政编码：100733

发行热线：（010）65369509　65369527　65369846　65363528

邮购热线：（010）65363531　65363527

编辑热线：（010）65369521

网　　址：www.peopledailypress.com

经　　销：新华书店

印　　刷：大厂回族自治县彩虹印刷有限公司

法律顾问：北京科宇律师事务所　（010）83622312

开　　本：710mm×1000mm　　1/16

字　　数：210 千字

印　　张：18.25

版次印次：2025 年 9 月第 1 版　2025 年 9 月第 1 次印刷

书　　号：ISBN 978-7-5115-8893-7

定　　价：59.00 元

如有印装质量问题，请与本社调换，电话：（010）65369463

出版说明

　　2025 年是中国人民抗日战争暨世界反法西斯战争胜利 80 周年，铭记历史、缅怀先烈，弘扬伟大爱国主义精神、伟大抗战精神，意义重大而深远。

　　习近平总书记指出："伟大抗战精神，是中国人民弥足珍贵的精神财富""要讲好抗战故事，把伟大抗战精神一代代传下去"。党的十八大以来，习近平总书记在纪念抗战的重要时间节点出席纪念全民族抗战爆发、纪念抗战胜利、南京大屠杀死难者国家公祭仪式等活动，考察晋绥边区革命纪念馆、新四军纪念馆等红色遗迹，深情缅怀，深切追思，宣示铭记历史的意志，凝聚奋勇前行的力量。矗立于民族记忆深处的伟大抗战精神，如不熄的火炬，始终照亮伟大复兴征程。

　　每一件革命文物，都是理想信念教育的生动教材。我们精选《人民日报》五十余篇与抗战文物相关的文章，既有穿越烽火的抗战遗址，又有字字千钧的抗战家书，还有承载民族记忆的革命旧物，生动呈现抗日斗争的艰苦卓绝和抗日将士持久抗战的慷慨壮歌。这些文章聚焦诠释抗战胜利主题，坚持和弘扬正确历史观，有重磅、有独家、有力作，用心、用情、用力，见史、见势、见思想，是新时代继承和弘扬伟大抗战精神的有益参考。

目　录

"书"载大义——书信间的忠诚誓言／095

"物"证初心——旧物中的峥嵘岁月／179

"址"铭精神

——遗址里的烽火记忆

红色记忆　香江传奇

/ 陈　然

八路军驻香港办事处——隐于中环的统战堡垒

中环，皇后大道中 18 号。

北临毕打街置地广场、怡安华人行，西接云咸街娱乐行，东有上海商业银行大厦、都爹利街……如果不熟悉香港的抗战历史，谁也不会想到，繁华闹市中的这座写字楼曾是 70 余年前八路军驻香港办事处的所在地。

抬望眼，区内高厦比肩林立，两旁临街的铺子多是珠宝店、服饰店。多少年来，这里弥漫着浓重的商业气息。

1937 年"七七事变"后，从港澳到南洋，再到欧洲、美洲，全球各地的华夏儿女掀起了前所未有的支援祖国热潮。毛泽东决定在香港设立一个八路军办事处，对外可联络泛太平洋地区，对内又可援助各抗战根据地。

精通 5 国外语、在海外闯荡多年的廖承志被毛泽东慧眼看中，挑起了"八路军驻香港办事处主任"的重担，当时他还未满30岁。1938年初，办事处在香港中环皇后大道中18号二楼的一间大房子内悄悄地成立了。

记者翻查《八路军驻香港办事处纪实》（以下简称《纪实》）一书，廖承志选址于此的理由是"这栋楼房楼下有商铺，二楼比临街底楼更有隐蔽性，且有后门可预防不测"。办事处办起来了，但公开悬挂的是"粤华茶叶公司"横匾，外室为摆着各种茶叶的铺面，内室才用来会客办公，接待各方面人士。

据记载，为防范敌人破坏，与廖承志一起成立办事处的情报专家潘汉年制定了一系列秘密工作要求，例如不准照相、不得与亲戚朋友往来书信、住所须严格保密等。也因为这些严格纪律，史料中始终未能收录一张"粤华茶叶公司"的老照片。

除了位于皇后大道中的办事处，经验老到的潘汉年还选择了3个备用场所作为活动基地，其中包括香港医生柯麟及其胞弟柯正平在九龙深水埗开办的"南华药房"、民间武装力量领队廖健的"印尼办庄义顺源"等。

1938年10月，广州沦陷。时任中共香港海员工会书记曾生与中共香港市委组织部长周伯明、区委书记谢鹤筹当即成立临时工作组，带领最先组织起来的队伍分头由香港出发，进入广州市惠阳区。根据《纪实》，这支由八路军驻香港办事处组织的"惠（阳）宝（安）人民抗日游击大队"最初的装备仅有借来的25支枪，但它从无到有、从小到大，逐渐在党的领导下演变为威震南疆的抗日劲旅"东江纵队"。

作为联络南洋和西方各国华侨、进步人士的据点，由廖承志主持的八路军驻香港办事处备受中国共产党高级领导人的重视。目前在中央档案馆的馆藏中，还有不少抗战期间时任中共中央长江局（后更名为南方局）领导人周恩来与廖承志的电报通讯原件。

《纪实》作者陈敦德认为，抗战时期周恩来审时度势，高瞻远瞩，通过八路军驻香港办事处及其他中共驻港机构有效地领导和影响文化统战工作，为争取抗战胜利写下了光辉的一页。

乌蛟腾村——感受港九先烈浩然正气

新界东北，乌蛟腾村。

繁茂的古树包围着一座静寂的烈士纪念陵园。入口处的牌坊两侧，分别刻着"纪昔贤满腔热血""念先烈弥世功劳"。走入园内，只见白色大理石纪念碑立于高台之上，碑体刻有原东江纵队司令员曾生的题字"抗日英烈纪念碑"，底座则书"浩然正气"及乌蛟腾村9位烈士的姓名。

1941年日军攻占香港后，广东人民抗日游击队便派出精干武装力量进入香港抗日，兵分三路直插新界，秘密作战。这即为港九大队的前身。1942年2月3日，港九大队在西贡鸡公山黄毛应村教堂正式宣告成立，下属海上、城区及地下武装等6个中队，成员逾千人，大多数是香港新界原居民。翌年年底，港九大队并入广东人民抗日游击队，成为东江纵队的一个支队。

而乌蛟腾小分队便是港九大队的杰出代表。这支在乌蛟腾村成立的港九大队支援组织，偷袭启德机场、智取日军九龙第四号铁路及军火库等，立下赫赫战功。日军恨之入骨，围剿并扫荡乌蛟腾村十余次，但游击队得村民保护屡屡脱险。

据东江纵队老战士李汉回忆，1942年中秋节第二天拂晓，大队日军再次包围了村子，无论男女老少，一律押往村前的晒谷场坐下。日军头目当众审问村长李世藩，"游击队有多少人？在哪里？有多少装备？有没有给村民枪支？"李世藩坚不吐口，最终壮烈牺牲。日军又将另一位村长李源培押往溪涧，对其灌水拷打、烧烟灼背，李源培在残酷折磨之下，依旧毫不松口。

日军的残暴镇压，激起了群众的民族仇恨。乌蛟腾村的年轻男女纷纷加入港九大队，开始了英勇的抗日征程。

1951年10月，乌蛟腾村民合力在村西头一处山坡下修成"乌蛟腾烈士纪念碑"，以纪念李世藩、李宪新、李天生、李志宏、李官盛、李伟文、王官保、王志英、李源培等9位烈士。1984年9月，曾生重访乌蛟腾，建议将纪念碑改名为"抗日英烈纪念碑"。

2009年12月，纪念碑迁于新娘谭道与乌蛟腾交汇处重建。2015年8月，纪念碑被正式纳入国家级抗战纪念设施及遗址名录。

"每年农历八月十六（即中秋节第二天），全村村民都会在此举行仪式，悼念抗日烈士。"乌蛟腾村民李先生告诉记者。

企岭下海——生死营救地　风景今如画
新界东，麦理浩径第三、四段。

全长 100 多公里的麦理浩径是香港最有名的长途远足路线，横跨数个郊野公园，临海而行，风景如画。其中第三、四段的交点企岭下海，三面环山、易守难攻，成为 70 多年前"香港大营救"最主要的秘密进行地。

《香港抗战英雄谱》作者陈敬堂为记者详述这段"营救"历史。1941 年，大批中国文人、学者、作家、艺术家及爱国民主人士被疏散至香港，继续开展抗日救亡运动。而当香港这个战时的"世外桃源"沦陷后，他们再次落难，处境危急。

在中央文献出版社出版的《周恩来书信选集》一书中，有一封周恩来致廖承志、潘汉年等的电报，日期署为"1941 年 12 月"。电报中，周恩来对抢救文化人士做出了详细部署，并明确指示大营救的行动路线，"香港人员的退路只有广州湾、东江和马来西亚"。

电报内容显示，宋庆龄在周恩来点名要八路军驻香港办事处帮助离港人士名单中排列第一位。

营救任务非常艰巨，游击队要将几百名男女老少，从港岛秘密渡海送往九龙，翻山越岭穿过新界，经澳门、深圳、惠州等地送到抗日大后方。营救路线共计 12 条，有陆路的，也有海上的。在港九大队和八路军驻香港办事处的缜密部署下，惠州、河源、老隆、韶关、兴宁、梅县等地的地下党组织紧急设立了联络站，掩护从香港撤退人员的陆上秘密交通线也打通了。

1942 年元旦后的 6 个月里，游击队员用蚂蚁搬家的方式，将 800 多名文化界人士一一护送到安全区域。其中，廖承志、乔冠华、邹韬奋夫人沈粹缜等经东线撤离；茅盾、邹韬奋、何香凝等则混杂在逃难人群中，经西线长途跋涉至惠州。

曾入编手枪组的港九老战士袁洪告诉记者，他跟着港九大队副队长刘黑仔护送文化界人士时，几乎每天都有小仗，遇到日军、伪军或土匪，便三个人一组，前后夹击，开三两枪就撤。

如今，12 条营救路线散落在香港各处。企岭下海狭长的海湾波平如镜，

1998 年重阳节，香港特区政府举行"原东江纵队港九独立大队阵亡战士名册安放仪式"，时任行政长官董建华亲手将港九大队牺牲的 115 名烈士名册安放在香港大会堂。为国捐躯的战士英灵，将在此世代守护这片热土。

《人民日报》2017 年 7 月 1 日

北平以北

红色基因让山水生辉

/ 贺　勇　贾德勇　张芳曼

北平即北京，北平以北，是指北至内蒙古、东至承德、西至张家口的广袤区域，总面积 2.5 万平方公里。

2017 年 12 月，大型文献纪录电影《北平以北》全国公映，讲述了 1938 年至 1945 年间，八路军三次挺进平北，以极大的牺牲与极艰苦的斗争开辟平北抗日根据地的故事。

在这场旷日持久的战斗中，4000 多名烈士的鲜血洒染在这块土地，牺牲时平均年龄仅 22.5 岁……其中，以白乙化、吴涛、王波等曾参加过"一二·九"运动的青年学生投笔从戎成立的八路军中唯一的知识分子团——老十团为平北抗战的典型代表。

平北红色第一村纪念馆、昌延联合县政府旧址、沙塘沟反击战旧址、白龙潭抗日烈士纪念碑……延庆这片妫川大地的青山绿水间，众多革命遗址，星罗棋布。每年，几十万参观者前来瞻仰，重温红色理想。

而今硝烟散尽，英雄的精神仍在这里传承，让这片土地的青山绿水也熠熠生辉。

"平北红色第一村"——流传着"小白龙"传奇

大庄科乡是延庆生态最好的乡镇之一，旅游资源非常丰富，有莲花山森林公园、明长城和龙潭峡谷等。127平方公里乡域全被郁郁葱葱的树木包围，游客到这里可春观花开、夏听蝉声、秋品彩叶、冬赏冰雪。

莲花山主峰因酷似莲花而得名，除了防火期外，这里游客络绎不绝，都到这里欣赏自然美景，呼吸新鲜空气。最受徒步者欢迎的就是龙潭峡谷，两边悬崖耸立，中间泉水潺潺。而在峡谷尽头的水泉沟村是以烤羊为特色的民俗村，每年有数万游客，在此住宿、用餐。

作为平北抗日根据地的中心地带，影片中多次出现的延庆"后七村"就位于大庄科乡。

"后七村"并不是一个村子的名字，它包括延庆区大庄科乡西部的沙塘沟、霹破石、里长沟、董家沟、景而沟、铁炉、慈母川等7个村子，因处于昌平北山和延庆南山一带，故名。

如今，在沙塘沟村建立的"平北红色第一村"纪念馆里，冀热察挺进军第十团团长、人称"小白龙"的白乙化和其他抗日英雄的照片在展板上陈列，与八路军曾用过的武器弹药、生活用品一道讲述着那段激昂壮烈的历史。1938年12月，沙塘沟村建立了平北地区第一个农村党支部。1940年1月，平北工委在沙塘沟建起了百余人的游击队。当时沙塘沟共有 20 多户 100 多口人，青壮男女全部投入了抗日斗争中。

日寇惊呼"延安触角伸向满洲"。1940 年 5 月，3000 多伪满部队及日军将沙塘沟三面包围。激烈的战斗从上午持续到晚上，最终八路军以少胜多毙敌数百，跳出包围圈迅速东进，安全转移，史称"沙塘沟大捷"，白乙化"小白龙"的称号也由此传开。

除了这些红色旅游，后七村之一的慈母川村还以慈孝文化著称，2017 年被评为全国文明村镇。走进慈母川村，处处都透着浓厚的慈孝文化氛围。最有特色的慈孝餐，令游客回味无穷。

昌延县政府旧址——寻找红色印迹

同样以抗战闻名的，还有距离沙塘沟村约 5 公里的霹破石村。霹破石村现在还保留着昌延联合县政府的旧址。这是建立平北根据地后成立的第一个联合县政府。数百平方米的院落中有几间砖木搭建的平房，会议室、民政科、财粮科、财政科等一应俱全。影片中第一批农村党员秘密入党，就是在财粮科取景。

如今，这里已成为大庄科红色旅游的必到景点。桌椅板凳、农具炊具、斑驳墙面上的红色歌谣和标语……让人们依稀可以窥见当年八路军抗日工作的繁忙。

在血与火的考验中，八路军与群众建立了深厚的感情，"放下扫帚就挑水、大爷大娘不离嘴"是百姓对战士们的印象。

"平北红色第一村"纪念馆馆长胡永旺的爷爷胡殿鳌正是平

北首个农村党支部秘密发展的 6 名党员之一。他听爷爷讲，为支持八路军打仗，妇女们躲在山坳里给八路军做军鞋军衣，没有布就拆了自家被子；打仗时，民兵抬担架，然后把伤员藏在山洞里悉心看护……平北军民，同仇敌忾，坚持抗战，为后人的和平生活带来了光明。

开放式体验——打开红色宝库

青山留名史，烽火淬英豪。据不完全统计，仅延庆区大庄科乡在抗战期间牺牲的烈士就达 100 多人。

如何打开身边的红色宝库，让历史遗迹熠熠生辉？除了保护修缮红色遗址、挖掘整理红色故事，近年来延庆还着力打造开放式红色体验基地，让广大党员群众在体验中感受革命的精神力量。

一是走行军路线：围绕"红色后七村"，设计 4 条徒步行军线路。二是看红色展陈：组织参观沙塘沟村平北红色第一村纪念馆，回顾中国共产党在平北的建立发展历史。三是吃行军野餐：吃土豆、红薯、窝窝头等红色体验餐，体验艰苦生活。四是听红色故事：聆听革命先辈的浴血奋战，感悟丰功伟绩。

延庆团区委权益部部长贺雪说："人们常说，一个民族如果忘记了历史，她也注定将失去未来！看到孩子们宣誓时的庄严、体验时的感动，我深刻感受到，只有不忘初心，才能接过先辈的重托；牢记使命，才能扛起新时代赋予的责任。"

《人民日报》2018 年 2 月 20 日

竹树青葱的乌石村

/ 王云娜

湖南省湘潭县乌石镇乌石村，淅淅秋雨落在一座寻常农家小院。老宅前，柑子树和柚子树硕果累累。这里是彭德怀故居，这两棵树是他 1961 年回乡时亲手栽种的。

乌石峰麓，是庄严的彭德怀墓；卧虎山上，彭德怀纪念馆与对面的故居遥相呼应；广场中央，彭德怀铜像高高矗立……如今，经过闭馆改造后的彭德怀纪念馆及故居即将重新开放。故里已建成系列纪念设施，记录着他光辉伟大的一生。

故居见证农村调查

前临田野，后倚山丘，四周竹树青葱，彭德怀故居坐西北朝东南。这里也是他投身革命后在家乡唯一长时间活动的场所。

最初，这里只是三间破败的茅草屋。当时因为家中贫穷，一家 8 口挤一起，连门窗都悉数变卖。

18 岁，彭德怀投奔湘军。27 岁，茅草屋破败不能居住，彭德怀把在湘军任职的薪金交给胞弟彭金华、彭荣华，让他们重建了一座土砖房。

如今，堂屋门楣上，邓小平题写的"彭德怀同志故居"横额门匾熠熠生辉。堂屋正中间，挂着彭德怀身着元帅服的巨幅彩色照片，神情威严。

1958 年 12 月，彭德怀回到阔别 32 年的故乡进行农村调查。为了便于了解群众的真实情况，他没有住招待所，而是住进自己的旧居彭家围子。

当晚，公社和大队干部谈到粮食大丰收。他立即同干部们步行数里来到田边，打着手电筒，蹲下身来，细数着兜禾上有多少株稻秆，每个穗上大约有多少颗稻谷，计算着每亩地的产量。

1961 年冬天，彭德怀第二次回乡开展农村调查，仍是住在旧居。30 多天里，他踏遍故乡的山山水水，在堂屋里接待来访干部群众 2000 多人。通过细致深入的调查，他拟写了 5 份农村调查材料，交党中央参考。他认为："我们当干部的，办事一定要实事求是，不能搞浮夸。"

据彭德怀纪念馆馆长李日方介绍，故居于 1983 年 8 月正式对外开放，同年 10 月，湖南省人民政府公布为省级重点文物保护单位。2006 年 11 月，彭德怀纪念馆和故居成功创建成为国家 4A 级旅游景区（点）。

纪念馆浓缩戎马一生

与故居遥相呼应的彭德怀纪念馆依山而建，为典型的中式传统庭院布局。"从高处俯瞰，纪念馆的屋顶就像当年西北野战军作战时搭起的帐篷。"纪念馆宣教科科长徐新说。

改造后的纪念馆基本陈列将全新展出《百战垂青史　忠诚铸丰碑——彭德怀生平业绩陈列》。展厅里共展出 315 幅历史图片、194 件珍贵文物和文献资料、34 件艺术品，详细介绍了彭德怀元帅的戎马一生和伟大业绩，诠释了其独特的人格魅力。部分资料尚属首次公布，弥足珍贵。

"本次展览还梳理了彭德怀军事思想内容，这是一大亮点。"徐新说。

1927 年 4 月，蒋介石在上海发动反革命政变，5 月许克祥在长沙发动马日事变。在严重的白色恐怖下，1928 年 4 月，彭德怀加入中国共产党。当年 7 月，他和滕代远等人一起领导了平江起义。这次起义是继南昌起义、秋收起义、广州起义之后，对国民党血腥镇压的又一次反击。

展厅里悬挂着一张毛泽东的手迹："山高路远坑深，大军纵横驰奔，谁敢横刀立马，唯我彭大将军。"这首六言绝句描述了彭德怀决胜沙场的雷霆之威，赞扬他勇于担当的革命精神。

第五次反"围剿"失败后，中央红军开始了举世闻名的二万五千里长征。中央红军到达陕北吴起镇后，彭德怀指挥红军击退来犯的敌军 5 个骑兵团，保卫了根据地。毛泽东得知胜利消息后，即兴吟作上述绝句送给彭德怀。彭德怀又将最后一句改为

"唯我英勇红军"，送还了毛泽东。

展厅里，一双打了10多个补丁的蓝色细棉纱袜格外打眼。让人难以想象的是，这是彭德怀生前穿了12年的袜子，上面有他自己一针一线缝上去的补丁。在担任党、国家和军队重要领导职务后，他依然舍不得扔掉。

彭德怀对侄儿、侄女要求也极为严格。1961年回乡调查时，其间恰逢侄儿彭康志结婚，弟媳想热闹一下，请他派小车接亲。他没有同意："小车是公家的，怎么能动用它干私事呢？不能占公家点滴便宜。再有，这么搞很不必要，会脱离群众。"弟媳听了劝告，从简操办儿子的婚事。

故里风景今如画

漫步彭德怀故里，处处山清水秀、景色宜人。当地人指着这漫山遍野的林木，讲起了当年他往家乡寄树种的故事。

1961年，在家乡调查期间，看到光秃秃的群山，彭德怀痛心疾首，对当地干部说，"山要重新绿化"。

"哪来树种呀？"公社干部面有难色。

"回北京后，我给你们寄树种来，每家每户种上几棵。"果然，他回到北京后寄来了两大箱树种。

不仅如此，回乡调查时，他还抽出时间参加植树造林、开垦农田等劳动。如今，人们到他的故居参观，就能看到屋后有好山，门前有好田，四周风景如画。

与此同时，景区规划了国防教育主题公园，旨在将乌石打造成红色文化氛围浓厚、体验项目极具特色的综合景区。

当地还将以"旅游+"为引擎，加快彭德怀故里建设步伐，积极推进县域经济、政治、文化和社会建设全面发展。

"彭德怀打仗有勇有谋，为官务实清廉，他想到的总是国家和人民，唯独没有他自己，这让我很受触动。吃水不忘挖井人，我深深地怀念他。"德怀墓前，来自福建的"80后"小伙赵福强说。

《人民日报》2018 年 10 月 20 日

洪湖岸边瞿家湾　英雄赞歌百年传

/ 田豆豆　王郭骥

　　"洪湖水呀浪呀么浪打浪啊，洪湖岸边是呀么是家乡啊。清早船儿去呀去撒网，晚上回来鱼满舱……"记者走进位于湖北省荆州洪湖市的瞿家湾老街，熟悉的旋律便在耳边回荡开来。

　　第二次国内革命战争时期，以贺龙、周逸群、段德昌为代表的革命先驱，创建了以洪湖苏区为中心的湘鄂西革命根据地。洪湖岸边的瞿家湾正是湘鄂西苏区首府所在地。

　　百年老街，风貌依旧。黑瓦白墙的徽派屋宇在弯曲的街道边延伸，一幅书写着革命历史的长卷，在我们面前徐徐展开。这里曾是繁华的商户店铺，革命时期成为苏区政府的办公地，如今又变为全国优秀爱国主义教育示范基地。

　　漫步老街，"湘鄂西革命军事委员会旧址""中共中央湘鄂西分局旧址""中国共产党湘鄂西省第四次代表大会旧址"等牌匾映入眼帘。

湘鄂西革命军事委员会旧址位于老街中段，大门古朴，院落幽深。进入内屋，明亮的光线从天井中倾洒而下。

天井正前方为大堂，左侧为贺龙元帅住室。一张矮床，一副蚊帐，一张方桌，两把椅子，静静摆放于此。1928年初，贺龙和周逸群等人来到洪湖，领导湘鄂西人民开辟了以洪湖为中心的湘鄂西革命根据地。他的英雄事迹在洪湖人民中广为流传。后来，贺龙元帅的妻子、子女也曾来到这里缅怀元帅。

旧址中还有段德昌的住室。1931年4月，段德昌任红3军第9师师长，指挥部队连战连捷，被湘鄂西苏区军民誉为"常胜将军"。1933年，段德昌壮烈牺牲，年仅29岁。中华人民共和国成立后，毛泽东为其亲属签发了中央人民政府第一号《革命牺牲军人家属光荣纪念证》。

老街内有湘鄂西省合作社管理局，当年，妇女生活改善委员会的主要负责人钱瑛就住在阁楼上。《洪湖赤卫队》中韩英的故事源自三位女革命家，分别为贺英、张孝贵和钱瑛。

1931年，钱瑛从苏联学习归国，被派往湘鄂西革命根据地参加洪湖根据地和潜江县委的领导工作，任中共湘鄂西分局职工工作委员会委员兼总工会常委、秘书长。她曾两次被叛徒出卖，均化险为夷，后成为新中国第一任监察部部长。

歌剧《洪湖赤卫队》第一次进京演出，贺龙到场观看，特地问主演王玉珍，你知道封口河吗？王玉珍点点头，贺龙感慨："那个时候，封口河的河水都变红了，斗争残酷啊。"

走进老街内的武器展厅，可见大刀、梭镖、长矛、土铳等革命时期使用的器具，它们是生产工具，也是战士武器。其中五齿叉是《洪湖赤卫队》里刘闯上阵杀敌的武器，虽已锈迹斑斑，却让人无法遗忘它曾历经的血雨腥风。

刘闯原型为洪湖"红五子"之首刘绍南，他本是当地首富之子，十四五岁便勇斗乡绅，后独赴武汉求学，加入共产党，唱着一首《壮烈歌》英勇就义，时年25岁。现在，他的子孙仍旧生活在这片革命热土上。

走到老街尽头，百年历史建筑"宗伯府"进入视线。这里原本是瞿氏宗祠，后成为湘鄂西苏维埃政府所在地。踏入这三进五间宗祠，跨过一座圆形的镂空月门，便是一座高大宽敞的天井，天井对面悬挂着"天下为公"的大幅牌匾。

临别时，《洪湖水浪打浪》经典旋律依旧在空中飘扬。微微细雨，敲打在历史的青砖上。洪湖，这片革命的热土，仍把英雄之歌传唱。

《人民日报》2019 年 7 月 20 日

从胜利走向新的胜利

——探访红军主力会师地甘肃会宁

/ 董洪亮　白　龙　王锦涛　李洪兴

青砖红墙的会师楼，巍然高耸的会师塔……走进位于甘肃省的红军会宁会师旧址，劲柏傲寒，苍松挺立。

甘肃会宁，一块红色热土。1936年10月，红一、二、四三个方面军，冲破数十万国民党反动派军队的围追堵截，爬雪山、过草地，克服艰难险阻，在会宁和将台堡实现胜利会师。

"红军三大主力会师，是长征胜利的标志，也是中国革命走向胜利的转折点。"甘肃省委党史研究室原副主任李荣珍说。

铁流汇聚

会师门，过去叫作西津门。"因为红军当年从此门进城，后改名为会师门。"红军长征胜利纪念馆讲解员杨婷说，四渡赤水、飞夺泸定桥、激战腊子口、翻越六盘山……红军将士浴血奋战，纵横十余省份，最终实现胜利会师。

"会宁县文庙大成殿，当年，庆祝红军主力会师联欢大会就在这里举行。"杨婷讲解道。联欢大会由时任红四方面军政治部主任李卓然主持，朱德总司令宣读了中国共产党中央委员会、中华苏维埃中央政府、中央革命军事委员会发来的《中央为庆祝一、二、四方面军大会合通电》，并号召会师部队"更要团结一心，互相尊重，并肩作战，战胜我们共同的敌人"。欢呼声冲天而起，回荡在会场上空。

"当晚，会宁城内人头攒动，彩旗飘舞，这座偏僻的小城从来没有这么热闹过。"杨婷说，县城成了红色的海洋，战士们激动地拥抱在一起，久久不愿松开。

徐向前元帅在《历史的回顾》一书中这样写道，三个方面军大会师胜利结束了长征，在中国革命史上揭开了新的一页。

李荣珍介绍，大会师标志着历时两年多的红军三个方面军数万里长征历程的胜利结束。三支主力红军会师西北之际，正是抗日战争烽火即将在全国熊熊燃烧之时，会师后的红军将担负起中国革命的新任务和抗击日本侵略者的历史职责。

现在，在红军长征胜利纪念馆的一角，一份当时的"党员登记表"见证着那段峥嵘岁月。表格是手工绘制，党员信息是：李道存，19岁，属于通讯连，籍贯为黄安县（今湖北省红安县）……红军从会宁离开时，登记表遗留在县城周家大院。为保存这份登记表，当地群众周大勇的母亲把它缝进枕套。1996年，登记表被周大勇发现后并上交相关部门，2000年8月，被国家文物局鉴定为国家一级革命文物。

"党旗为证，因为有党的坚强领导和战士的坚定信仰，红军才战无不胜，从一个胜利走向新的胜利。"杨婷说。

鱼水情深

红堡子村，隶属会宁县郭城驿镇，1936年秋开门迎红军，后被授予"支援红军模范村"称号。"这里地处两县交界处，是红军会师必经之地。"红堡子村党支部书记齐占虎说，当时红一方面军的同志找到当地民团团长王瀚，希望允许红军进驻红堡子。

"得知是红军，老人亲自迎。"王瀚后人王东良说，王瀚带领村民升起红军旗帜，敲锣打鼓夹道欢迎，不仅热情款待，还捐献了钱粮和枪支弹药。在一份1936年9月的《红色中华报》上，有这样的报道："仅在郭城驿一地，就筹集粮食四五百石。"

"红军将士不拿群众一针一线，吃的用的，按价付款。"会宁县政协原副主席王文汉说，红军进城后，有一些住在百姓家。"他们就在院里搭个棚，席地而睡。"王文汉说，吃喝用度，红军记着账，临走前都付了钱。王文汉珍藏了两枚红军付款用的银圆，曾有人慕名前来，出高价收购，"我说，给多少钱都不能卖。后来我捐给了红军长征胜利纪念馆。"王文汉说。

作风优良一家亲，党的军队得到了会宁人民倾力支持，筹集了大量粮食、钱物。据不完全统计，会宁为红军筹集粮食近500万斤，布匹衣物6380件（匹），还有大批银圆。"全县有400多人参加了红军。"杨婷介绍，朱德总司令在离开会宁时语重心长地说："会宁人民对革命是有贡献的，我们不会忘记你们对红军的支持，谢谢父老乡亲！"

悠悠祖厉河，浓浓鱼水情。在一次战斗中，一位红军连长不幸牺牲，村民们以最高的礼遇，安葬了这位英雄。多年来，这位连长的坟墓几经迁移，如今位于红堡子村的一处山坡上，墓碑上刻着"红军先烈黄连长佚名之墓"。"大家不知道他是哪里人，也不晓得叫啥名，只知道姓黄，是个连长。"王东良说，逢年过节，总有村民到墓前祭奠，85 年来从未间断。

新的胜利

有党史研究者曾这样总结：瑞金是红军长征的出发点，遵义是红军长征的转折点，会宁是红军长征的会合点，延安是红军长征的落脚点。

长征胜利结束，新局面就此打开。

"红军三大主力会师后，于 1936 年 11 月 21 日在环县山城堡全歼胡宗南部 232 旅及 234 旅两个团，以辉煌的胜利展示了红军会合后的力量。"李荣珍介绍，12 月 12 日西安事变发生后，中国共产党人高举抗日民族统一战线旗帜，支撑起中华民族救亡图存的希望，成为全民族抗战的中流砥柱。

在会宁，一则"小红军救魏煜"的故事家喻户晓。1936 年 10 月 9 日，会宁城门楼前红旗飘扬，军民敲锣打鼓，准备迎接大部队。当地居民魏鸿儒的儿子，年仅 3 岁的魏煜，跟着贴标语的小红军战士，来到县城西门附近的一条街上。突然，天空传来敌机的轰鸣声，人群四散，炸弹落下。年幼的魏煜，被小红军挡在了身下。敌机飞走，硝烟散去，人们在牺牲了的小红军身体下，发现了得救的魏煜。

红军长征胜利纪念馆里，摆放着这位小红军的画像。"为报恩情，魏鸿儒将小红军葬在了祖坟旁，并立下一条规矩：只要魏家还有一个人，就要永远祭奠这位小红军英雄。"杨婷说，魏煜成家后，给三个儿子起名为继征、续征、长征，合起来就是"继续长征"，以此让后辈儿孙记住红军长征的历史和血浓于水的恩情。

继续长征，也寄托着当地群众的美好期待。"我志愿加入中国共产党……"每年"七一"前后，甘肃会宁的很多党员干部都要再次走进红军长征胜利纪念馆，重温入党誓词，缅怀革命先烈。"有党的领导，有长征精神，乡村振兴，我们干劲十足。"齐占虎说完，便吼了句村民自编的秦腔，"昔日黄滩绿树阴，盐碱地里能生金"……

《人民日报》2021 年 2 月 1 日

走向伟大复兴的历史转折点

/ 刘　学　葛亮亮　梁　宇

1937 年 7 月 7 日，是中国人民永远不会忘记的日子。这一天，日本侵略者制造卢沟桥事变，发动了全面侵华战争，企图灭亡中国。

1945 年 8 月 15 日，也是中国人民永远不会忘记的日子。这一天，日本宣布无条件投降。

在抗日战争中，中华儿女为国家生存而战、为民族复兴而战、为人类正义而战，以军民伤亡 3500 多万人的巨大民族牺牲取得了伟大胜利，深刻昭示了正义必胜、和平必胜、人民必胜的伟大真理。习近平总书记指出："这个伟大胜利，是中华民族从近代以来陷入深重危机走向伟大复兴的历史转折点、也是世界反法西斯战争胜利的重要组成部分，是中国人民的胜利、也是世界人民的胜利。"

抗战胜利是全体中华儿女的荣光

宛平城墙坑坑洼洼的弹痕前、中国人民抗日战争纪念馆记载历史沧桑的展品边、中国人民抗日战争纪念雕塑园里，参观者或低语、或沉思、或感叹。参观人群中，一位父亲低声对儿子说："当年，就是在这里，中华儿女奋起抗争，中华民族这头'睡狮'苏醒了。"

卢沟桥位于北京西南的永定河上，见证了日本侵略者企图灭亡中国的野心，也见证了中华儿女奋起抵抗的决心。1937 年 7 月 7 日，日本侵略者向卢沟桥一带的中国驻军发动攻击，并炮轰宛平县城，制造卢沟桥事变。中国驻军第二十九军奋起抵抗。卢沟桥事变成为中国全民族抗战的开端，由此开辟了世界反法西斯战争的东方主战场。

卢沟桥事变的第二天，中国共产党的号召就通过电波激荡着亿万国人的心："平津危急！华北危急！中华民族危急！只有全民族实行抗战，才是我们的出路！""全民族实行抗战"，中国共产党的号召得到社会各界广泛响应。在中国共产党的推动下，第二次国共合作正式形成。从那时起，大江南北，长城内外，全体中华儿女冒着敌人的炮火共赴国难。讲起这段历史，中国人民抗日战争纪念馆馆长罗存康激动不已："正是抗日民族统一战线这面旗帜，召唤全中国的各党派各界各军、工农兵学商，以及海内外中华儿女，众志成城、同仇敌忾，义无反顾投身到这场关系民族生死存亡的伟大斗争中。"

卢沟桥事变后，日本侵略者大举增兵中国，妄图速战速决，在几个月内就使中国屈服。但是，中国全民族抗战汇聚起气势磅礴的力量，使日本侵略者陷入了人民战争的汪洋大海之中。1938年10月，日本侵略者攻占广州、武汉，其攻势达到顶点，此后就无力再发动大规模的战略进攻，抗日战争进入战略相持阶段。1943年，八路军卫南战役和林南战役揭开了中国战场对日战略反攻的序幕，直至最后日本宣布无条件投降。

"抗日战争的胜利，彻底洗刷了近代以来民族耻辱。"张云逸大将的孙子、北京新四军研究会会长张晓龙说，中华儿女经过极其艰苦的斗争、付出了极大的代价，终于取得完全胜利、获得民族解放。在这一过程中，中国共产党发挥了中流砥柱的作用。

中国共产党是全民族抗战的中流砥柱

1937年11月日军攻占太原后，在华北战场，国民党军队从前线大规模后撤，八路军则朝着相反方向大步挺进敌后沦陷区。此后，中国共产党建立一个个抗日民主根据地，开辟了广阔的敌后战场。中国社会科学院近代史研究所研究员王建朗指出："中国共产党人始终战斗在抗日战争的最前线，支撑起了中华民族救亡图存的希望。"历史充分证明，在艰苦卓绝的抗日战争中，中国共产党的中流砥柱作用是中国人民抗日战争胜利的关键。

卢沟桥事变爆发后，中华民族到了最危险的时候。有没有一个政治力量可以把全民族团结起来，制定正确的战略策略，与日本侵略者血战到底？中国共产党挺身而出。1937年8月洛川会议上，中国共产党制定了抗日救国十大纲领，明确提出全面抗战的路线。1938年5月，毛泽东撰写《论持久战》，有力地批驳了"亡国论"和"速胜论"的错误观点，以高瞻远瞩的战略眼光在战争最初阶段就富有远见地指明了战争整个趋势和发展过程，指明了争取抗战胜利的正确道路。

中国共产党的中流砥柱作用，体现为中国共产党积极倡导、建立、维护抗日民族统一战线，成为团结凝聚全民族抗战力量的坚强政治领导核心。在抗日战争战略相持阶段，面对国民党的挑衅，中国共产党既联合又斗争，以斗争求联合、求团结。1941年1月6日皖南事变发生，中国共产党依然以民族存亡为重，坚决维护、巩固、发展抗日民族统一战线。"纵观抗战始终，之所以能够维护团结抗战大局，就是因为中国共产党高举抗日民族统一战线的旗帜。"湘潭大学马克思主义学院教授李佑新说。

1938年12月，日本发布《大陆命令第241号》，指令侵华日军以主要兵力进攻八路军、新四军和敌后抗日根据地。自此，以中国共产党抗日武装为主体的敌后游击战争在抗日战争中处于主导地位。美军驻延安军事观察组评论道：共产党领导的抗战"有一种生机勃勃的气氛和力量"。中国共产党领导下的抗日武装力量，在整个抗战中抗击了60%的侵华日军和95%的伪军，指战员伤亡60多万人，抗日根据地的群众伤亡600多万人。

伟大抗战精神将永远激励中国人民克服一切艰难险阻

"天下兴亡、匹夫有责的爱国情怀，视死如归、宁死不屈的民族气节，不畏强暴、血战到底的英雄气概，百折不挠、坚忍不拔的必胜信念"，习近平总书记在纪念中国人民抗日战争暨世界反法西斯战争胜利 75 周年座谈会上强调在新时代继承和弘扬伟大抗战精神，为实现中华民族伟大复兴而奋斗。抗日战争的壮阔进程中孕育出伟大抗战精神，是中国人民弥足珍贵的精神财富，将永远激励中国人民克服一切艰难险阻、为实现中华民族伟大复兴而奋斗。

在中国人民抗日战争纪念馆展柜中，一把锈迹斑斑的大刀吸引了众多参观者驻足。讲解员介绍："抗战时期，中国军人凭着一腔血勇，在敌我力量相差悬殊的情况下依然手持大刀奋勇杀敌，不畏生死，令人敬佩。"八路军用过的文书、枪套，新四军的军鞋、搪瓷碗，缴获的日军武器及装备，中国共产党创建敌后抗日根据地示意图、中国抗战对世界反法西斯战争贡献示意图……一件件文物、一幅幅照片，让参观者深刻感受到伟大抗战精神的力量。

抗战时期，作家巴金写道："我们为着争我们民族的生存虽至粉身碎骨，我们也不会灭亡，因为我们还活在我们民族的生命里。"当时的一篇报纸社评写道："今天南北战场上，是争着死，抢着死，因为大家有绝对的信仰，知道牺牲自己，是换取中华民族子子孙孙万代的独立自由，并且确有把握，一定达到。"抗战时期，中华儿女就是这样，为了民族生存不惜牺牲自己的一切。

传承伟大抗战精神，是为了更好开创未来。在中国人民抗日战争纪念馆门口，刚刚看完展览的北京市民朱女士感慨："我带女儿过来学习抗战历史、缅怀先烈，让她知道今天的生活来之不易，努力学习，将来为祖国贡献一份力量。"

卢沟桥畔宛平城，阳光下已经有些暖意。中国人民抗日战争纪念馆雄伟庄严，纪念馆前广场上，鲜艳的五星红旗高高飘扬，"独立自由勋章"雕塑格外醒目。

《人民日报》2021 年 2 月 3 日

探访电影《红色娘子军》故事发生地

万泉河边　难忘峥嵘岁月

/ 袁　琛　黄晓慧

全长 163 公里的万泉河是海南第三大河流。清清之水自五指山来，九曲碧波，奔腾入南海。这条河，生态美、青常在，千百年来传唱"溪头渔舟荡清波，忽闻太公唱渔歌；太公为啥这里来，只因这里鱼儿多。"这条河，因为扛枪为人民的红色娘子军而名扬海内外。

说起红色娘子军，人们必定想到万泉河。她们成长在万泉河、战斗在万泉河，她们的青春、热血洒在万泉河。她们的英雄事迹与"母亲"万泉河一样，波澜壮阔，源远流长。

红色渡口 历久弥新

冬日清晨，薄雾为万泉河披上一层轻纱，两岸的绿植更显葱郁翠绿。海南省琼海市嘉积镇椰子寨战斗遗址，是打响琼崖革命武装斗争第一枪的地方。顺着镇墟渡口，漫步河边栈道，宽阔的河面流水潺潺，空气舒爽香甜，往昔的峥嵘岁月，静静流淌。

万泉河近半穿流琼海境内，曾是海南水上航运最繁忙的一条河。河畔渡口不计其数，先后出现了乐城、嘉积、文曲、椰子寨、文堂、石壁、船埠等商埠。岁月变迁，商贾辐辏的渡口，因为路的修通、桥的兴建，渐渐隐没在莽草中，唯有像椰子寨这样刻下革命印记的红色渡口，历久弥新。

红色娘子军的后人、阳江镇文化站原站长庞启江说，渡口承载着琼崖革命的荣光。如歌曲所唱"我爱万泉河的千重浪，红军在这里把敌人赶下河"，80多年前的冬天，红色娘子军为掩护琼崖红军主力强渡万泉河，谱写了一曲万泉壮歌。

1932年10月，在第二次反"围剿"中，琼崖红军师部、红一团余部以及女子军特务连一连在南牛岭会师，一路南下，打算渡过万泉河，奔赴阳江，与红三团一部会合。但敌人盘踞万泉河各大渡口，在埠口架好长枪短炮，埋好地雷只等红军入网。

从小在万泉河边长大的娘子军们，熟悉万泉河水文地理，白天化装成农妇，侦察地形。女子军特务连战士王时香多年后回忆："我们在万泉河边，在石壁附近周转了半个月，寻找渡口。"

最后，在南俸山下，娘子军们找到了河流最狭窄的地段——双滩渡口，这里泥沙堆积、竹林丛生、隐蔽性好，是最佳的强渡点。

借着连日暴雨、河水暴涨，娘子军特务连掩护100多名红军分5批从双滩强渡万泉河。水流湍急，时间紧迫，简易扎绑的竹排随时会被河水冲走。深谙水性的冯增敏、王先梅等战士不顾急流，一头扎进水里，用肩膀扛着竹排，让坐在竹排上的红军平稳过河。

当最后一批 20 多名红军已渡到河中央时，闻声赶到的敌人在岸上疯狂扫射，一场万泉河上的激战打响。

娘子军战士王春英的丈夫、红军二连连长宁居明在战斗中牺牲。王春英站在河对岸，眼睁睁看着近在咫尺的团聚成为永别。

"红军主力能胜利会师，她们功不可没。"庞启江说，"几次强渡万泉河的战役，是琼崖革命史上光辉的篇章。"

竹林深处 鱼水情深

在万泉河边，生长着密密丛丛的竹林。从琼中黎族苗族自治县河流发源地到下游的琼海市加脑村苗寨，不时能看到翠竹片片，与椰林、槟榔林、橡胶园交错，形成一幅热带雨林景观长卷。万泉河上乘坐竹排漂流，既有激流险滩的跌宕起伏，也有舒缓轻舟的田园风光。

竹林，曾是红色娘子军的藏身之所，是她们与敌人周旋时的铠甲，也是她们生产生活的来源。在战火纷飞、缺吃少穿的年代，战士们砍下白竹，削成竹片，用她们的巧手编制出竹筐、竹篓、斗笠，支持琼崖革命斗争。

无论是芭蕾舞剧《红色娘子军》里的《斗笠舞》选段，还是在红色娘子军成立旧址中的斗笠石刻，斗笠都是红色娘子军身上重要的符号。肩背步枪、头戴斗笠、身披蓑衣的红色娘子军，也成为海南妇女的经典形象。走进红色娘子军纪念园，看到斗笠，就会想到英姿飒爽的红色娘子军,耳边就会响起"我编斗笠送红军"的经典旋律。

"红色娘子军戴的尖顶斗笠,是海南民间特有的遮阳挡雨的工具,沾了苏东坡的名气,斗笠被称为东坡笠。"庞启江介绍,东坡笠制作技艺主要流传于万泉河两岸,尤其是在阳江镇,制作东坡笠是当地农民主要副业收入。

当年,红色娘子军组织阳江百姓编斗笠送给红军,因此,东坡笠又称红军笠。东坡笠民间手工技艺2005年被列入海南省第一批非物质文化遗产保护名录。

作为琼崖革命策源地之一的白水磉旧址,2011年重建后成为当地重要的爱国主义教育基地,其中一项重要的体验,便是像红色娘子军当年那样编草鞋、做斗笠。在阳江,红军笠作为红色旅游的纪念品,受到游客青睐。

传奇阳江 红色家园

每日晨起,吃过早饭的庞启江便把自己"关"在略有些寒凉的乡间书房里,潜心镌刻红色娘子军的人像印章。他要赶在7月1日前,完成96位有遗像的红色娘子军人像印章。

20多年来,一直追寻、记录红色娘子军足迹和故事的庞启江,访遍了100多位娘子军战士及她们的后人,为当时健在的每位娘子军战士拍摄军装照,保存了大量珍贵史料。"把她们刻在玉石上,地球在,她们就在。"

"红色娘子军勇于砸碎旧社会的枷锁,参军后敢为人先、不怕牺牲的精神，广为传颂。但是，她们被捕后用生命保守党的秘密、永不叛党的忠诚，也是红色娘子军精神的重要组成部分。"庞启江认为。

阳江镇，既是红色娘子军的诞生地，也是琼崖革命的发祥地，被誉为"海南红色第一镇"，拥有王文明故居、红色娘子军成立旧址、红色娘子军操练场等20多处革命遗址。

宁静祥和的镇子，处处洋溢着革命热情，家家户户都悬挂红色的五角星。红色文化长廊、红色娘子军主题文化园等犹如时光长廊，诉说着这里的红色传奇，构建出一个温暖的红色家园。

"阳江全域都是革命老区，村村都有革命故事，红色娘子军的传奇故事更是家喻户晓。"庞启江表示，阳江丰富的红色文化资源尚未完全发掘，发展以"红色家园，传奇阳江"为主题的全域旅游，前景广阔。

眼下，这里正在筹建一栋红色大厦，落成后，将成为红色娘子军精神和文化展馆，庞启江镌刻的红色娘子军人像印章也将在此展出。

"我们希望能够完好保存、充分展示红色娘子军留下的文化遗产。"阳江镇党委副书记、乡村振兴工作队队长梁崇伟说，阳江人正在党的领导下，创造新的美好生活，依托丰富的红色旅游资源实现乡村振兴，继续演绎着阳江新的传奇。

《人民日报》2021年2月15日

探访重庆红岩革命遗址

他们在烈火中永生

/ 蒋云龙

红岩上红梅开，千里冰霜脚下踩。三九严寒何所惧，一片丹心向阳开、向阳开。红梅花儿开，朵朵放光彩。昂首怒放花万朵，香飘云天外。唤醒百花齐开放，高歌欢庆新春来、新春来。

——歌曲《红梅赞》

人们还崇敬着江姐吗？还会为小萝卜头落泪吗？今天的年轻人还能理解红岩英烈无悔的牺牲与奉献吗？

答案是肯定的。

一本《红岩》，是新中国几代人共同的文化记忆。来到重庆，谁不想去红岩看看呢？2018年到2020年，有2390万人次来重庆看红岩、忆红岩。红岩，依然是国内人气最高的红色景点之一。

歌乐山上——一支铅笔与一面红旗

重庆被称为山城，大山名山数不胜数，然而最知名的还属歌乐山。这里山林茂密、绿意盎然，还有清泉蜿蜒流过，被称作重庆主城的"绿肺"。但歌乐山享誉国内的名气和荣誉，是源于70年前的那一场惨烈牺牲。

行至歌乐山山腰，便能看到白公馆了，这里地形险要而隐蔽，原是四川军阀白驹的郊外别墅，后被改为军统本部的看守所。十余间住房成了牢房，地下储藏室成了地牢，防空洞成了专门审讯拷打革命者的刑讯洞。

这里的大门终年关闭，只留了一扇侧门供人进出。在这座紧闭的监牢内，发生了太多可歌可泣的故事。

人人都知道的小萝卜头，原名宋振中，父母亲都是地下党员。1941年，才8个月大的他随父母被抓，从此被囚白公馆。由于缺乏营养，他长得头大身小，难友们都亲切地叫他"小萝卜头"。他利用年龄小，相对自由的条件为难友们传信、递字条，深得大家的喜爱。8岁过生日的时候，狱友黄显声将军送给他一支红蓝颜色的铅笔，他一直舍不得用。新中国成立后人们挖出他的遗体，小手里还紧紧握着这支铅笔。

1949年10月1日，重庆尚未解放，新中国成立的消息传到了白公馆。关押在同一间牢房的罗广斌、丁地平、陈然、王朴、刘国鋕5人激动万分，商议做一面自己的五星红旗，等解放的那天打着红旗冲出去迎接胜利。他们拿出一床红色的被面，几张黄草纸，通过自己的想象做好红旗，把它藏在了地板下面，还创作了一首诗"我们也有一面五星红旗"。在当年 11 月 27 日，除罗广斌、毛晓初策反看守成功脱险，其他人都倒在了黎明前。

渣滓洞看守所，距离白公馆不算远。这里原本是一个小煤窑，废渣很多，所以被叫做渣滓洞煤窑。1943 年，军统特务看上了此地的特殊地形，将其改为看守所，关押白公馆迁移来的"政治犯"。

红岩小说中"江姐"江雪琴的原型江竹筠，因叛徒出卖不幸被捕入狱后，就一直被关押在这里。在敌人的威逼利诱下，江姐始终咬紧着牙关。她被一无所获恼羞成怒的敌人秘密杀害时，年仅 29 岁。

11 月 27 日，离重庆解放只有 3 天，国民党反动派对关押在白公馆、渣滓洞的革命者实行集体大屠杀。180 余人殉难，仅 15 人脱险。这些烈士挺过无数非人的折磨，至死都不曾出卖组织、投靠敌人。

歌乐山不曾言语，人们却记住了这一句话："他们在烈火中永生。"

红色三岩——红石头有了新含义

红岩本是一处地名，位于嘉陵江边。这里的地质结构主要由侏罗纪红色页岩组成，地形酷似伸向嘉陵江边的山嘴，因此又叫红岩嘴。1939 年初，中共中央南方局和八路军驻重庆办事处在重庆成立。因为城区住房不够，在日机轰炸下很不安全，就搬到了这里，门牌号为红岩嘴 13 号。

红岩，普普通通的红石头，从此被赋予了全新的含义。

驱车转过几个山弯，来到红岩村 52 号，半山上的红岩革命纪念馆巍然映入眼帘。这座纪念馆外形就像一块巨大的红色岩石，象征着红岩英烈们的坚毅、勇敢、不屈……

纪念馆二层是常设展览"千秋红岩—中共中央南方局历史陈列"。2400 平方米的展厅内，包括"共赴国难—抗日民族统一战线形成""雾都明灯—中共中央南方局驻足红岩"等 10 个部分，展出了 600 多张珍贵历史照片和 300 多件展品。

"在那个时代，全国各地的知识青年都被红岩吸引而来。他们追求的绝不是物质享受。当年八路军重庆办事处条件极其艰苦：吃的方面，水要到两公里外去挑，蔬菜全靠自己种，荤腥一个月难见一次；穿的方面，抗战八年每个人只发了两套粗布单军装。"讲解员黄真彦介绍，展出的这套米黄色小西装、藏青色中长裙，今天看来非常朴素了，在那个时候是红岩所有女同志们唯一高档的"公用礼服"。

红岩、曾家岩、虎头岩，被合称为"红色三岩"。虎头岩便是《新华日报》总馆所在地。《新华日报》是抗日战争时期和解放战争初期中国共产党在国民党统治区唯一公开出版的机关报，有着"新华方面军"的美称。在红岩革命纪念馆展厅内有一台印刷机，便是当年印制《新华日报》的机器，它都被反动派"逮捕""扣押"过。现在被评为国家一级文物，也是红岩革命纪念馆的镇馆之宝。

曾家岩 50 号，它位于重庆市渝中区中山四路，总建筑面积 882 平方米。1939 年邓颖超以周恩来的名义转租了一、三层和二层东侧的几间房屋，对外称"周公馆"，作为南方局和八路军驻重庆办事处在城内的主要办公点。

红岩、曾家岩、虎头岩，都少不了特务的监视、敌人的破坏。在如此复杂的环境中，以周恩来为首的中国共产党人坚守初心，为抗日民族统一战线的发展、壮大和巩固而不懈努力。

目前，重庆正整合"红色三岩"革命遗址，规划建设占地面积 50.5 万平方米的红岩文化公园。

今日红岩——依然闪烁着不朽光辉

"红岩精神包含了奋斗、奉献、坚强等优秀品质，是一种活生生的理念。我们从来没有把它挂起来凭吊追忆，而是提炼成为当代人可以学习借鉴的成长养分。红岩的故事，放到时代的洪流中去看，依然闪烁着不朽光辉。"重庆红岩革命历史博物馆馆长马奇柯说，2020 年，他们打造了红岩特色思政课"传承红色基因争做时代新人——红岩革命故事展演"剧目，由博物馆工作人员自编自导自演，2020 年 9 月在重庆大学首演以来，收到北京、湖北、贵州等多地高校邀请，展演近百场。"我留意过，现场有太多人热泪盈眶。"马奇柯说。

2020 年，重庆红岩革命历史博物馆开展了一次特别的"寻找红岩发声人"活动。红岩文化爱好者通过官方网站和电话报名，以自己的角度和感受，讲述红岩故事。其中的优秀作品在广播电台和网站转播，报名者人数远超预期，涵盖了各个年龄层次。"这说明红岩的魅力依然是全方位的，所有年龄段的观众都可以体会，并发自内心地去热爱。"马奇柯说。

借助新的传播媒介，红岩故事也在不断翻新讲述方式。移动博物馆、微型博物馆、"24 小时博物馆"等传播形式将陆续登台。

在红岩革命纪念馆的数字体验厅里，3D 影像和 VR 技术已经实现应用，让参观者身临其境，感受 1938 年的山城。戴上眼镜，眼前是青砖黑瓦的破旧城市，水面上有小舟驶过，耳旁有市井之声。舒缓节奏突变，防空警报大作，几声轰响之后，民房在火光中变成废墟……

展品巨型油画《周恩来和他的朋友们》也有了新的"数字版"：一面 7.2 米宽、1.4 米高的数字屏。"点击屏幕，手指处的人物简介、照片和历史故事就跳了出来，带来沉浸式观展体验。"黄真彦说，在此处停留的游客最多，时间也最长。

在恒温恒湿的保管室内，工作人员正戴着塑胶手套，归档整理着一件件珍贵的红岩文物。"我馆藏品超过 10 万件，其中有 3608 件珍贵文物。"重庆红岩革命历史博物馆研究馆员徐康介绍，这些红岩珍品讲述的，都是可歌可泣的故事——

有江姐（江竹筠）得知丈夫牺牲后的家信，她说："你别为我太难过。我知道，我该怎么样子的活着……我记得不知是谁说过：'活人可以在活人的心里死去，死人可以在活人的心中活着'。"

有周恩来"皖南事变"后写的一封斗志昂扬的信："我们大家并不以此为烦恼……同志都团结得像一个人一样……不要急，伟大的时代长得很……"

《人民日报》2021 年 4 月 5 日

文华胡同里的李大钊故居

/ 刘　洋

在北京繁华的西长安街南侧、新文化街风貌保护区文华胡同24 号，有一处占地面积约 550 平方米的倒座三合院，与长安街北侧的民族文化宫相望。这是一座普通民居建筑，曾被称为石驸马后宅 35 号。院落质朴宁静，西侧屹立着一尊庄严凝重的李大钊半身铜像。

这里，是李大钊故居。

李大钊，字守常，1889 年 10 月 29 日出生于河北省乐亭县大黑坨村，1927 年 4 月 28 日被奉系军阀张作霖秘密杀害于北京西交民巷的京师看守所，牺牲时不满 38 周岁。自 1916 年从日本弃学归国到 1927 年就义，这 10 年他都是在北京度过的。李大钊先后在北京租住过 8 处住所，石驸马后宅 35 号是他租住过的第四处宅院。

1920 年，北京大学评议会全体通过，议定李大钊为教授兼图书馆主任。李大钊不仅在北京大学任教，还在女子高等师范学校、北京高等师范学校、朝阳大学、中国大学4所高校任教。这里距原北大红楼图书馆相对较近，而且便于他步行去女子高等师范学校上课，是李大钊在北京居住时间最长的住所。

故居由北房3间，东、西耳房各2间，东、西厢房各3间共计13间建筑组成。倒座三合院是指院子大门朝北开，没有南房，不成四合院规格。站在院中还可以发现，除正房是起脊建筑外，厢房和耳房都是平顶的。进院要先下台阶，说明院子地面低于胡同路面，民间俗称"三级跳坑"，下雨天极易积水。

推开故居北房堂屋大门，首先映入眼帘的是当时老北京普通人家的典型布置：对着门的是一张八仙桌，两侧各放一把椅子，靠北墙的条案两端各摆着一只掸瓶，中间摆着一台老式座钟，条案上方悬挂着一幅中堂画。

中堂画两侧悬挂着一副著名对联——"铁肩担道义，妙手著文章"。李大钊十分敬仰明代忠臣杨继盛的气节，也很欣赏杨继盛"铁肩担道义，辣手著文章"这一诗句，便在此句基础上，取陆游《文章》一诗中"文章本天成，妙手偶得之"的"妙"字，改写成句。李大钊非常喜欢这副对联，多次书写，畅抒己志。1916年8月15日《晨钟报》创刊后，李大钊设计每出一期都要写一句警语，第六号就选了"铁肩担道义"作为该期警语。

李大钊工作繁忙，偶尔闲暇时喜欢写大字练书法。长子李葆华曾回忆父亲："有一阵，他极好书法，几乎每天都写，写了不少张"。1924年，李大钊为劝章士钊不要倒向北洋军阀政府，应章士钊妻子吴弱男之邀，为其手书对联"铁肩担道义，妙手著文章"相赠。

展柜中摆放的《史学要论》是故居馆藏一级文物。1924 年 5月，商务印书馆出版了李大钊的《史学要论》一书，这是 20 世纪中国马克思主义史学理论奠基石，也是李大钊史学思想的精粹之作。当时教授上课没有固定教材，李大钊写就《史学要论》后，去商务印书馆印刷了一些，当作教材发给学生，因受众量小、存世量少，显得格外珍贵。

唯物史观是李大钊学术生涯中投入大量精力研究的问题，1920 年 10 月起，他在北京大学开设了"唯物史观研究"课程。展柜中陈列着 1923 年北京大学政治系学生参加该课程考试的试卷复制品。这是一篇论文——"试述马克思唯物史观的要义并其及于现代史学的影响"，字迹工整，全文不分段，没有使用新式标点，只用顿号断句。作者在论文中认为"自有马氏唯物史观，才把历史学提到与自然科学同等的地位，此等功绩，实为历史界开一新纪元，是影响于史学上最大之点"，结尾盛赞"马氏真不愧为纪元人"。李大钊将该试卷评定为 95 分。

女儿李星华随父亲来到石驸马后宅 35 号居住时刚满 9 岁，是小学三年级学生，每天跟哥哥李葆华到孔德学校上学。一个夏日晚上，院子里的晚香玉开得白一片黄一片的，满院子飘散着浓郁花香，李大钊和家人坐在树下乘凉。他一高兴，又朗诵起古诗来，李星华也背诵起了《石壕吏》。李大钊趁机给女儿讲起了《卖炭翁》《石壕吏》《孔雀东南飞》，他说这几首诗写了卖炭人的穷苦生活、官府抓兵的暴行和封建家庭的黑暗，都是不合理的社会现象，我们应该去改造社会……这些画面仿佛就在昨天。

1920 年春至 1924 年 1 月，4 年时间，这处院落见证了李大钊传播马克思主义、参与创建中国共产党、领导北方工人运动、促成第一次国共合作等一系列最具代表性的革命实践，为我们今天缅怀先烈、学习历史提供了切实可感的空间。

《人民日报》2021 年 9 月 25 日

"铭记这段保家卫国的历史"

/冯学知　连锦添　吴晓初　李　钢

临近深港边境的香港新界沙头角石涌凹村，坐落着一幢有90多年历史的旧屋，名为"罗家大屋"。1941年12月，日军入侵香港。香港沦陷期间，中国共产党创建领导的东江纵队港九独立大队（简称"港九大队"），就把打击日军的重要交通站设在罗家大屋。

沉寂多年后，如今，罗家大屋增添了新的生机。屋里屋外重新装修粉刷，一拨又一拨访客纷至沓来……在爱国爱港人士的努力下，香港首个抗战专题纪念馆——香港沙头角抗战纪念馆将在这里开馆，展示中国共产党领导的武装力量保卫香港的光辉事迹。

在中国共产党成立100周年之际，香港越来越多的红色遗址进入公众视野，"红色旅游"逐渐升温。

"只有中国共产党才能救中国"

"你们是我这一周接待的第三批访客了。"罗家后人罗志红手拿钥匙，带记者来到罗家大屋前。

这是一幢联排屋宅。屋内，新刷的白墙上挂上了许多展板，展品正逐步进场。屋前，停车场正在扩建。

"这是我爸爸罗欧锋，排行老二，他当年担任港九大队海上中队队长。"罗志红指着一张画像介绍。展板上不仅记载着东江纵队和港九大队的历史，还有罗家的家族抗战史。罗志红说，祖父是巴拿马华侨，家境殷实，日军打来后，罗家人没有逃避，全家有 11 人参加了中国共产党领导的抗日斗争。

当时，罗家长子罗雨中组建了第一支由港人组成的民兵队伍——南涌人民联防队，并担任队长。罗雨中抗日意志坚定，曾被关押在日军宪兵司令部，遭受多种酷刑但毫不屈服。

在罗雨中女儿罗惠芳的印象中，1949 年 10 月 1 日是令人难忘的一天。"当时深圳沙头角还没解放，为了庆祝新中国成立，父亲带人在中英街对面的新楼街，面对国民党军的机枪，升起了一面五星红旗！"罗惠芳说。

罗雨中的姐姐罗许月也参加了游击队，任港九大队大队部交通站站长。"我以前问过长辈们，当年家里有田地、有生意，为什么要参加游击队？"罗许月之子、香港广州社团总会主席黄俊康说，"我发现，他们深信只有中国共产党才能救中国，只有中国共产党才能代表光明的未来，跟党走的信念一直很坚定。他们是被中国共产党的主张吸引的。"

"幸好中国共产党领导的游击队来了，如果没有游击队，香港真不知道会乱成什么样子。"提起当年的情形，家住乌蛟腾村的95岁老战士李汉说。"日军打来时，土匪也四处打家劫舍，当时还遭遇大旱，很多人被饿死。"李汉说，游击队员教他们如何对付敌人，还帮农民开荒插秧。

那时的李汉任村儿童团团长，性格活泼，还带领群众学唱抗战歌曲。采访中，李汉告诉记者："我最早接触中国共产党是在很小的时候。当时，有一位来这里开展工作的小学老师，很受学生们欢迎，后来才知道他是一名共产党员。"

"拿全部身家性命帮游击队"

"港九大队是香港沦陷期间唯一一支成建制的、自始至终坚持抗日的武装力量。"香港岭南大学香港与华南历史研究部高级研究员刘蜀永介绍，港九大队是以香港新界原居民子弟为主、在中国共产党领导下组成的游击队，是香港抗战的中流砥柱，"当时，港九大队总数不过千人，能以游击战方式牵制打击日军，靠的是人民的支持。"他说。

2020年，抗日战争暨世界反法西斯战争胜利75周年之际，退役军人事务部公布第三批著名抗日英烈、英雄群体名录，其中，东江纵队港九独立大队大屿山中队队长刘春祥等12名龙鼓洲战斗牺牲英烈名列其中。12名英烈中，不仅有7名指战员，还包括了船家梁克一家5口。"梁克一家5口吃住在船上，那条船就是全家的命根子，他们拿全部身家性命帮游击队，这是多大的信任和支持!"刘蜀永说。

手持白菊、静默哀悼,2021年5月,黄俊康等英烈亲属和部分健在老战士在龙鼓洲、沙洲附近的海面上举行海祭,纪念抗日英烈。"这次海祭是香港民间组织的一次大规模祭奠活动,体现出香港人民对国家、对民族的认同感,也是传承前辈爱国精神的体现。"刘蜀永说。

黄俊康介绍,经过香港广州社团总会等民间社团与新界乡议局的共同努力,香港特区政府屯门民政事务处决定拨款350万港元,在龙鼓滩建成刘春祥抗日英雄群体纪念碑,供市民瞻仰。

在香港,民众参与抗战的故事还有很多。"位于新界沙头角的乌蛟腾村,是有名的红色村。"东江纵队历史研究会秘书长、原东江纵队政委尹林平之女尹小平告诉记者,东江纵队历史上重要的"乌蛟腾会议"曾在此召开,这里还曾藏有广东党组织与在延安的党中央保持联络的电台。

"当时,乌蛟腾村全村有500多人,村里的老人、青年、妇女、儿童几乎都参与到了游击队安排的抗日工作中,有39位青年直接加入游击队。"李汉说。

离乌蛟腾村村口不远处,建有乌蛟腾烈士纪念园。园内立着一块抗日英烈纪念碑,纪念碑旁另有中英文石碑各一块,记述乌蛟腾村村长李世藩及多位村民为抗日英勇牺牲的事迹。碑文记载,香港沦陷期间,日军曾对乌蛟腾和邻近的村庄发动10余次"扫荡",对村民威逼利诱、严刑拷打,逼迫村民供出游击队员,李世藩等9人宁死不屈,先后壮烈牺牲。

1951 年 10 月，为纪念乌蛟腾村牺牲的烈士，村民们自筹经费修建纪念碑，后来又经过村民自费重修和特区政府拨款修建。历经 70 年风雨，如今的纪念碑更显庄严神圣。

"告诉香港人民这里曾发生的故事"

"当年我们想给乌蛟腾烈士立碑，受到不小的阻挠。"谈起 70 年前为烈士立碑，李汉仍然十分激动，"别人不敢做，乌蛟腾人敢，我们自己做。"

每年的农历八月十六，是李世藩等烈士的忌日。"我们立志要把这里守护好。"几十年来，李汉等老战士和烈属都会在每年农历八月十六举行谒碑仪式，缅怀抗日烈士，向人们宣讲抗战历史。

2015 年 8 月，国务院将乌蛟腾抗日英烈纪念碑列入第二批100 处国家级抗战纪念设施、遗址名录。如今的乌蛟腾烈士纪念园，已成为香港著名的爱国主义教育场所，纪念碑前常年鲜花不断。

"以罗家大屋为起点，乌蛟腾村为终点，中间串联起 4 处与抗战相关的历史遗址，这就是一条完整的沙头角抗战文物路线。"2021 年 5 月，刘蜀永等学者与东江纵队历史研究会、香港广州社团总会等爱国爱港团体共同推出"沙头角抗战文物径计划"。此外，位于西贡和大屿山的另外两条串联起港九大队抗战遗址的抗战文物路线也在规划中。

"将罗家大屋改建成抗战纪念馆的计划，得到了罗家后人的一致支持。"黄俊康说，抗战纪念馆除了能让后人缅怀抗日英雄，也能为推动爱国主义、普及国民教育发挥积极作用。他说，香港人民应该铭记，香港历史上曾有一大批爱国人士，为国家付出了鲜血和生命，他们的事迹值得怀念，他们的精神值得传承。

"香港人要铭记这段保家卫国的历史，因为这是香港自己的历史。社会各界也应采取不同方式，告诉香港人民这里曾发生的故事。"尹小平说，"从 2007 年开始，我就一直在香港宣传港九大队的抗战事迹，很欣慰地看到，香港社会各界越来越多的人加入我们当中。"

在沙头角为记者作导览时，尹小平望着车窗外说道："这条路，我们的父辈跟共产党一起走过。"

《人民日报》2021 年 11 月 14 日

北大二院见证觉醒年代

/金安平

1918 年 8 月北大红楼建成，被称作北大一院。位于京师大学堂旧址、北京东城区沙滩后街 55 号和 59 号的北京大学就被称作北大二院了。它经历了京师大学堂到北京大学的转换，见证了中国新文化运动、五四运动与中国共产党的早期活动。

1898 年戊戌变法失败后，新旧势力在建立京师大学堂议题上达成一致。清政府将景山马神庙街曾是乾隆女儿和嘉公主的偌大空闲府第，批给大学堂作校址。内务府拨款抢修了正殿、配殿、公主梳妆楼等 340 余间并新建 130 余间，京师大学堂得以在 1898 年 12 月正式开学，一年多后因八国联军侵华停办。1902 年京师大学堂重开，增建了许多西式建筑。北京大学档案馆收藏了一份 1904 年京师大学堂师范馆期末试卷，一个叫孙昌烜的学生以《大学堂讲舍图说》为题详细描述了当时的校舍："大洋楼为新班公共科讲堂，工尚未必"。这个"大洋楼"就是竣工于 1905—1906

年间、至今保存完好的理科楼。中西杂糅是当时几所中国官办大学校园的共同特点，体现了新旧文化共存。

1917 年 1 月 4 日，蔡元培走进北大。1 月 9 日，大礼堂响起蔡元培的就任演说。11 日，蔡元培具呈教育部，要求聘请陈独秀为北大文科学长，13 日即获批准，15 日陈独秀携《新青年》入职北大，执掌文科。1918 年 1 月，图书馆主任李大钊在北京大学图书部（原京师大学堂藏书楼）走马上任，此后近一年，他都在这里工作。

蔡元培上任不久即在陈独秀协助下大力整顿教学秩序。各种学会社团纷纷成立，新学之风吹遍校园。一个新北大为一场新文化运动的到来积蓄着能量。

1919 年 3 月，北京大学学生邓中夏等发起成立"增进平民知识，唤起平民自觉心"的北京大学平民教育讲演团，团址设在北大二院。这是五四运动前后北京地区重要的学生社团，一批进步学生在李大钊等指导下，活跃在北京街道、郊区和长辛店工厂区，向工人农民宣讲新思想、新知识，唤起民众觉悟，对五四运动发生起到推动作用。中国共产党早期组织成立后，讲演团成为党的外围组织，团员最多时 150 余人。

二院理科楼是北大新闻学研究会活动的地方，《京报》社长、新闻学研究会导师邵飘萍常来这里讲座。1919 年 3 月 10 日晚，李大钊做了"新旧思想之激战"演讲。会员毛泽东听了这场讲座，不久回到湖南，参加当地五四运动。

"北京中等以上学校学生联合会"是五四运动中成立的学生

爱国运动的枢纽组织，会址也设在北大二院。沙滩红楼北大一院、马神庙北大二院与北河沿北大三院，是见证五四运动的3个阵地。

5月2日，学生联合会在二院大饭厅做出3日召开北京各校学生代表大会决定。3日晚，北大、清华、高等师范、中国大学等13家学校1000多名学生代表集会北大三院大礼堂，邵飘萍介绍巴黎和会中国外交斗争失败情况，号召学生挺身而出，救国图存。北大法科学生谢绍敏咬破中指，裂断衣襟，写下"还我青岛"4个血字。与会者声泪俱下，群情激愤，当即通过了5月4日到天安门游行集会决定。北大学生写标语、做旗杆，几乎一夜未眠。

1920年3月，北京大学马克思学说研究会在北大二院成立，这是中国最早的学习和研究马克思主义的团体。学校总务处给了"两间颇宽大的房子"，会员们在房间挂起马克思头像，贴上"出研究室入监狱，南方兼有北方强"对联，这便是著名的"亢慕义斋"，他们收集英、德、法等各种文字马克思主义文献及报刊几百种。李梅羹与翻译组同学将德文版《共产党宣言》译成中文，并印刷少量油印本，在校内外传阅。他们还翻译了《资本论》（第一卷）、《马克思传》等著作。这些马克思主义图书上都盖有会员自刻的蓝色印泥图章：亢慕义斋图书。1976年，北京大学教授萧超然在北京大学图书馆浩如烟海的藏书中，发现8本盖有"亢慕义斋图书"印章的德文书籍。二院理科楼"伟大开篇"展览中，可以看到这8本珍贵文献复制件。根据当事人回忆，在今天理科楼二层对"亢慕义斋"做了复原。

1920 年 5 月 1 日，中国第一次公开大规模纪念国际劳动节，北京、上海、广州、九江、唐山等工业城市的工人群众走上街头，举行了声势浩大的游行集会。陈独秀在上海组织工人游行纪念。在北大二院也组织了纪念活动。北京大学当天停课一天，由李大钊、邓中夏等在二院礼堂召开校工、学生参加的纪念会。纪念会惊动了警方。今天理科楼"伟大开篇"展览中有一份珍贵文件，是当时北京中一区警察署署长焦鼎炳奉命出警北大二院后向警察总监提交的报告："本日上午八时，北京大学第二院开校役演说会，派员前往监视，到会者均属该校校役，约二百人，每人各持具油印讲义一份，由斋务课课长胡春林演说，谓阳历五月一日为世界劳工胜利纪念日，对于此日历有特别表示，以资庆祝……"会后，平民教育演讲团学生分乘两辆挂有"劳工神圣""五月一日万岁"横幅汽车，沿途演讲并散发《五月一日北京劳工宣言》传单。李大钊写文呼吁："希望中国工人把它（1920 年 5 月 1 日）看成是觉醒的日子！"

今天，走在二院理科楼里，木制地板楼梯发出咚咚的声音。这些历史回声与历史建筑浑然一体，凝结成一种传统与精神，永远延续着。

《人民日报》2021 年 11 月 20 日

走进长辛店二七纪念馆

/ 王真胜

古朴典雅的长辛店二七纪念馆，矗立于北京长辛店花园南里甲 15 号，1987 年 2 月 7 日对外开放。纪念馆为老北京四合院布局，中式门楼顶部和房檐处，以金黄色琉璃瓦装饰，古脊明柱，水刷石镶衬，配以清水砖墙，苍松翠柏中浑然大气。在许多人心中，这里保存着中国工人斗争史上宝贵的精神财富。

长辛店工人运动是中国先进知识分子与工人群众相结合、马克思主义同中国工人运动相结合的起点与典范。

1920 年 5 月 1 日，陈独秀在上海、李大钊在北京同时举行"五一国际劳动节"纪念大会。邓中夏到长辛店向铁路工人散发《五月一日北京劳工宣言》并发表演讲。这是中国共产党人领导的第一次"五一国际劳动节"纪念活动。翌年，长辛店 1000 多名工人和北京、天津、保定的工人代表，在长辛店宣布成立"京汉路长辛店铁路工人会"（工人俱乐部）。上海共产党早期组织

《共产党》月刊热情称赞："他们的努力，实可令人佩服，不愧乎北方劳动界的一颗明星。"

在北京永定河西、卢沟桥畔，千年古镇长辛店，如今是见证中国早期工人运动的标志性遗产。沿长辛店老街步行，一个个承载历史记忆的名字映入眼帘：工人夜班通俗学校、长辛店劳动补习学校、长辛店工人俱乐部、二七惨案长辛店发生地……长辛店二七纪念馆更是我们走进那段历史的窗口。

京汉铁路北起北京前门西站，南至汉口玉带门车站，全长1214.5公里，由清政府向比利时贷款、比利时承建。1897年京汉铁路卢保（卢沟桥至保定）段最先开工，在卢沟桥西设立小型车辆修理厂——卢保铁路卢沟桥机厂，两年后毁于义和团运动，1901年在卢沟桥东三合庄复建，改称长辛店机车厂。1905年郑州黄河大桥工程完工，京汉铁路全线贯通，立铁碑以志。铁碑上半部铸有两龙飞舞图案，中间铸有建造者、通车时间及参加落成典礼人员姓名，下半部用法文书写。铁碑与模具承载着中国人筑路强国悲壮史，是长辛店二七纪念馆镇馆之宝。这里还陈列着劳动补习学校的油印机、长辛店铁路工人罢工的火车汽笛等文物，生动讲述着长辛店铁路工人在共产党领导下发展工会组织、争自由争人权的峥嵘岁月。

1918年春，蔡元培、李石曾、吴玉章创建北京大学附设高等法文专修馆（留法勤工俭学预备班）。9月，高等法文专修馆长辛店分馆工业科开学，来自湖南、河北、山西的100多名学生在这里半工半读。1919年5月4日，天还没亮，留法预备班、车务见习所及艺员养成所部分学生,骑着雇来的毛驴匆匆赶往天安门广场,与北京学生一起游行示威。5月6日,工人举行集会,每十个人一起,组成一个个救国十人团,到车间、车站、郊区,宣传爱国,抵制日货。

五四运动之后,长辛店机车厂工人史文彬、陈励懋、陶善琮等创办工人夜班通俗学校,预备班学生每周两次给工人补习文化,讨论时事。后夜班通俗学校迁到娘娘宫北配殿,成为长辛店工人运动主要场所。

1921年1月11日,长辛店大街祠堂口1号、坐东朝西小三合院内,劳动补习学校正式上课。正房摆着3列、8排木课桌,黑板上用白粉笔写着"劳工神圣"4个大字,刚下班的工人三三两两走进教室。补习学校教员主要来自北京大学,专职有李实、张纯、贾祝年等,兼职有李大钊、邓中夏、吴容沧、卜世润等人。他们根据工人需要自编教材,讲通俗易懂白话文及工人听得懂的北方话。邓中夏本名"邓仲澥",为好写好认,改为"邓中夏"。长衫先生与短衣工人推心置腹,一批批工人党员迅速成长起来。

长辛店工人俱乐部是1922年8月长辛店铁路工人罢工、1923年京汉铁路工人大罢工的指挥部。长辛店二七纪念馆珍藏着一枚铸造于1921年的长辛店工人俱乐部证章。铜质材料,珐琅彩工艺,主体为钴蓝色,中间的图案是白色的带有双翅的火车轮子,是当时中国铁路的标志。轮子后面是一把锤子与一把斧头相交叉,代表着工人力量。从背面的编号"NO.2195"看,证章铸造了很多枚。1922 年 5 月第一次全国劳动大会上，邓中夏以京汉铁路长辛店工人俱乐部代表名义提出《全国总工会组织原则案》，中华全国总工会 3 年后正式成立。

1922 年 8 月，长辛店工人俱乐部向京汉铁路局提出增加工资、实行八小时工作制、每星期休息一天等 8 项要求，未得到答复。8 月 24 日，中国劳动组合书记部主任邓中夏领导长辛店铁路工人在娘娘宫举行罢工。郑州、江岸工会和京绥、京奉、正太等各路工人纷纷声援。长辛店 1000 多工人乘列车开到前门西站谈判，京汉铁路局最终答应了工人所有要求。工人们在复工后开往武汉的第一辆火车头上，挂上一面"庆祝长辛店罢工胜利"大红旗，一路飘扬到汉口。罢工风潮在长辛店这个"风暴眼"骤然升起，第一次工人运动高潮呼啸而来。

长辛店大街东部火神庙，原为长辛店警察所驻地。1923 年 2 月 4 日，京汉铁路 3 万工人为"争自由、争人权"举行全路大罢工，1200 公里铁路顿时瘫痪。2 月 7 日，为营救被反动警察逮捕的工友，工人们聚集火神庙，葛树贵、杨诗田、辛克红等工人当场受伤。珍藏于二七纪念馆的《京汉工人流血记》，是最早报道这次斗争的文献。

党领导和组织的工人运动，显示出中国工人阶级坚定的革命性和坚强的战斗力，扩大了中国共产党在全国的政治影响，为党同其他革命力量合作，掀起全国规模的大革命准备了条件。

《人民日报》2021 年 12 月 18 日

一座大楼与一个时代相遇

/ 朱悦华　杜建坡

104 年前，一座大楼与一个时代相遇。这座大楼就是位于北京东城区五四大街 29 号的北京大学第一院。它于 1918 年 8 月落成，红砖砌筑，红瓦铺顶，故称红楼。

高耸于青砖灰瓦中的北大红楼坚实庄重，中国先进知识分子曾在这里风云际会。参观"光辉伟业　红色序章——北大红楼与中国共产党早期北京革命活动主题展"，一幕幕历史场景浮现面前。

红楼展厅，全部 63 期《新青年》一字排开，组成一张 20 世纪初新思想新文化朝气蓬勃的时代面孔，仍是那么率真鲜活、情真意切。

1915 年 9 月 15 日，《青年杂志》创刊号《敬告青年》开宗明义："国人而欲脱蒙昧时代，羞为浅化之民也，则急起直追，当以科学与人权并重。" 1917 年，《新青年》落户北京大学，"一

"校一刊"结合，北京大学和《新青年》成为新文化运动的主要阵地。

桌上一本打开的书，是所有人的视线中心。众人或坐或站，似在热烈讨论什么——红楼浮雕《八大编辑》饱满厚重。在北池子大街箭杆胡同 20 号的小院，这些学贯中西的北大教授，抛掷出一枚枚射向封建专制的重型炮弹。他们为妇女解放呼号呐喊，举起民主科学大旗，倡导白话文与新式标点，开辟中国现代文学新谱系……

眼前的报刊信札，承载了中国语言文字改革的大事件。以白话文为先导的新文化运动打开了遏制新思想的闸门，在中国社会掀起一股思想解放的潮流。这一段历史在电视剧《觉醒年代》中有浓墨重彩的表现。在剧中，蔡元培说："无论将来发展到什么时代，它终将是以我们今天所倡导的新文化为先导的"。

红楼 2 层，靠近楼梯是复原后的文科学长办公室。1918 年，《每周评论》创刊，编辑部设在这里，发行所设在北京骡马市大街米市胡同 79 号。"主张公理，反对强权"的《每周评论》与主导思想启蒙的《新青年》相得益彰，是当时最有影响的报刊之一，为五四运动提出不断深入的纲领、口号与斗争方式。

静卧 17 厅的国家一级文物《五四》，是我国出版的第一部介绍五四运动的书籍，作者是在北大图书馆工作的蔡晓舟和在北大国文系学习的表弟杨亮功（笔名杨量工）。蔡晓舟在序言中写道："五四一役，涵有二义，一为国家争主权，一为平民争人格。"1919 年全国期刊如雨后春笋猛增至 400 余种，红楼展出了

《新潮》《语丝》《教育潮》《新学报》等当时影响较大期刊。五四运动把民主、科学的种子播撒进中国人的心田，随着时代改变仍具有感召力。

选择马克思主义作为拯救国家、变革社会、塑造"新国民"的思想武器，是新文化运动一个重要成果。《每周评论》从第26期起展开"问题与主义"的讨论，加快了马克思主义在中国的传播。这期间，《新青年》刊登介绍马克思主义、十月革命和中国工人运动文章130余篇。展览现场展示了李大钊的《我的马克思主义观》《庶民的胜利》珍贵原件。

1921年11月，陈独秀手书的第一份中共中央文件要求，"在明年七月以前"出版共产主义书籍20种以上。陈独秀组织翻译的3本马克思主义基础知识——马尔西《马克思资本论入门》、考茨基《阶级争斗》、柯卡普《社会主义史》；李达主编的全套6本《共产党》月刊，半公开发行，16开本，最高发行量5000多份；陈望道、华岗、成仿吾、徐冰、谢唯真等人翻译的7种《共产党宣言》中文全译本；1921年，李子洲、刘天章等陕西进步学生在北京创办的《共进》杂志11期；1924年，中共北方区委组织部长陈乔年负责印刷的机关刊物《政治生活》8期……这些珍贵文物汇集红楼，反映了马克思主义传入中国及思想建党的基本样貌。

《人民日报》2022年7月23日

白山黑水间的铭记

/ 孟海鹰　门杰伟

"革命就像火一样，任凭大雪封山，鸟兽藏迹，只要我们有火种，就能驱赶严寒，带来光明和温暖。"东北抗日联军第一路军总司令杨靖宇曾发出这样的誓言："一个忠实的共产党员，为民族解放事业，头颅不惜抛掉，鲜血可以喷洒，而忠贞不贰的意志是不可动摇的，最后胜利的决心是坚定的。"

1931年"九一八"事变后，杨靖宇任中共哈尔滨市委书记，兼满洲省委军委代理书记。1932年秋被派往南满，组建中国工农红军第32军南满游击队，任政治委员，创建了以磐石红石砬子为中心的游击根据地。1936年7月，杨靖宇任东北抗日联军第一路军总司令兼政治委员，此后他率部长期转战东南满大地，仅在桦甸就先后建立了大楞场、摩天岭、蒿子湖等20多个密营。

在这些密营中，蒿子湖密营连接南满与东满。1938年后抗联部队向深山撤退隐蔽的阶段，蒿子湖密营是重要基地，同时也是杨靖宇最后居住的密营地。

数十载悠悠而过，如今的蒿子湖密营，莽莽青山依旧在，凝望着一拨又一拨来到这里重温红色历史、缅怀革命先烈的人群……

瞻遗迹，重温峥嵘岁月

蒿子湖密营一角，一个直径 1 米多的石碾盘横在林间，些许青苔爬上碾盘一侧，诉说着它所经历的漫长岁月。碾盘旁，不时有游人停下脚步，久久驻足。

"这是抗联战士们用过的石磨。"碾盘旁，东北抗联蒿子湖密营纪念馆馆长吴艳滨向记者介绍，当年，由于日伪军封锁严密，密营中粮食极为短缺，战士们只能收集柞树的果实（橡子），用石碾磨碎成粒或粉之后来充饥。在如此艰苦的环境下，抗联战士们仍然在此坚守，顽强苦斗的精神可见一斑。

即便有橡子充饥，生火做饭也是一个大问题。特别是 1938 年至 1940 年期间，营地整日笼罩在日军侦察机的盘旋监控之中，火光和烟雾极有可能暴露密营所在地，抗联战士们是如何隐蔽的？

离碾盘不远，一棵高耸的松树与披着茅草的窝棚紧紧依偎，浑然一体，这里便是"青松灶"遗址。"这棵松树有一个空心树洞，当年抗联战士们将锅灶与树洞相连，将它打造成一个天然的隐蔽烟囱。"吴艳滨说，做饭产生的烟，一方面引入树洞，一方面导入埋在地下的众多管道，这样可以减缓烟雾排出，与雾霭融为一体，不易被敌人察觉。

如今，"青松灶"旁这棵树龄200多年的松树依旧青翠繁茂，与碾盘、饮马池、将军井、司令部等遗迹一起，勾勒出杨靖宇等抗联英雄们在这里生活、战斗过的峥嵘岁月。

现在，蒿子湖密营中的抗联遗迹得到进一步发掘，地处深山的密营，成了渐为人知的红色旅游地标。"如今，越来越多人来到密营观遗迹、忆英雄，绿水青山间遍布红色足迹。"吴艳滨说。

访展馆，回望抗联历史

草木葱郁，遗迹苍苍，东北抗联蒿子湖密营纪念馆坐落其间。青瓦白墙的建筑，由14根立柱支撑，寓意着自"九一八"事变后的14年抗战历史。步入馆中，映入眼帘的是杨靖宇将军的半身像，其身后的浮雕描绘着东北抗联在白山黑水间英勇打击日本法西斯的战斗场面。

"'九一八'事变后4个多月的时间，我国东北的大好河山相继沦陷。"吉林市委党史研究室二级调研员杜晓丽说。危难之际，中国共产党吹响了东北抗战的号角。"九一八"事变第二天，中共满洲省委召开紧急会议，发表《中共满洲省委为日本帝国主义武装占领满洲宣言》，号召东北军民不投降、不缴械，带枪到农村去，发动游击战争。

纪念馆中，有一处东北抗联战士们生活环境的场景复原——几名战士围坐在篝火前，身前身后尽是一片白茫茫的大雪。"东北的冬季近半年之久，雪最厚的时候及腰深。"吴艳滨介绍，"火烤胸前暖，风吹背后寒"，是当年艰苦斗争生活的真实写照。

尽管如此，东北抗日联军的战斗从未停止。有统计显示，从1932年至1940年，包括东北抗日联军、抗日义勇军在内的东北抗日武装共出击15万余次。鼎盛时期，东北抗日联军共组建成11个军、3万余人，活动范围遍及东南满、吉东、北满70余县。

纪念馆的一处展板上，记录下中共中央对东北抗日联军英勇斗争的高度评价——1938年11月5日，党的六届六中全会发出致敬电，称颂以杨靖宇为代表的东北抗日联军是"在冰天雪地与敌周旋7年多的不怕困苦艰难奋斗之模范"。

1940年2月，杨靖宇在重重包围下战斗至孤身一人，于吉林省濛江县（今靖宇县）保安村壮烈殉国，胃中尽是枯草、树皮、棉絮。这个时期，东北抗日联军已锐减为1800余人，但旗帜始终不倒，继续在长白山区、小兴安岭、松花江下游和黑嫩平原浴血奋战。在14年艰苦卓绝的斗争中，东北抗日联军有数万名将士血染疆场，百余名师以上干部、30余名军以上干部壮烈牺牲。

"纪念馆的意义，就在于提醒人们不要忘记那段艰苦卓绝的抗战岁月，同时也激励后人继承和发扬东北抗联精神。"杜晓丽说。

探密林，感悟山水有情

"这棵树叫'黄菠萝'，学名黄檗，树皮较软。当年抗联战士们会把它当作药材，大家可以近距离观察一下树皮……"蒿子湖密营中，一群来自长春市的研学学生在讲解员的介绍下，好奇地触摸着黄檗的树皮。

吉林长白山森工集团红石国家森林公园经理郑晓然介绍，东北地区有着许多与东北抗联有关的纪念场馆，蒿子湖密营的特色就在于保留了大量的遗址遗迹，人们可以走进抗联战士们生活、战斗过的"现场"，接受到更深刻的红色教育。

对遗址的挖掘，离不开仍在世的抗联老兵们。"20世纪末，桦甸市整理县志时，特地请老抗联战士们来到密营，逐一辨认当年的遗址。在此基础上，我们再对遗址修缮和维护。"郑晓然说，当地遵循"修旧如旧"原则，尽量保持原貌，力求还原真实历史。

战争的硝烟早已散去，历史依然值得铭记。近年来，红石国家森林公园着力完善基础设施，做好服务配套，打造"红色＋绿色"特色旅游模式，吸引众多游客来到这里感悟红色文化、体验绿色生态。

2018年，东北抗联蒿子湖密营获评"全国中小学生研学实践教育基地"。截至目前，累计接待游客约24万人次。"今年，我们申请的国家文物局专项资金533万元已经到位，我们将对'青松灶'等29个文物遗址点位更新维护，进一步擦亮蒿子湖密营红色旅游的'金字招牌'。"郑晓然说。

《人民日报》2024年10月19日

记者走进江西瑞金、甘肃南梁、
陕西延安、河北西柏坡等地

探寻红色法治文化的时代传承

/ 何思琦　亓玉昆

丰收时节，陕西延安，红彤彤的苹果挂满树枝，果农忙着采摘销售，沉浸在忙碌的喜悦中。

不过，在延安志丹县，果农林小锋心里还有一个"结"没有解开。掏出手机，林小锋拨通了志丹法院苹果巡回法庭法官张丽梅的电话。

原来，在苹果树开花坐果时，一场冻灾袭来，造成不小损失。林小锋购买了某保险，要求受灾赔偿。但该保险有 7 天等待期，发生冻灾的那一天刚好是合同签订后的第六天，保险公司拒绝理赔。

"早在签订合同前几天，我就已经支付了保险费用，算下来日子早就不止 7 天了。有 5 名果农和我情况类似，如果一点损失也不赔偿，我们心里堵得慌。"电话这头，林小锋说。

了解情况后，张丽梅背起国徽来到果园，同时约上了保险公司工作人员，准备现场办案。一番释法答疑，双方同意各让一步，达成了调解协议。如今，保险赔偿款已全部到位，果农们皱着的眉头也舒展开了。

"果农对签订购销合同需要注意啥""果商违约咋办"……每逢"金果果"丰收时节，针对销售中可能遇到的难题，志丹法院通过苹果巡回法庭将司法服务送到田间地头，这与抗战时期陕甘宁边区实行的"马锡五审判方式"一脉相承，成为传承红色法治基因的生动写照。

新民主主义革命时期，江西瑞金、甘肃南梁、陕西延安、河北西柏坡，一个个红色圣地，镌刻下中国共产党领导人民进行法制建设的奋斗足迹，积淀了丰富红色法治文化，至今闪耀着璀璨光芒。

一部红色宪法，写满中国共产党人的初心使命

五角星形状、绸布质地，齿轮、斧头、镰刀、长穗、步枪，沿顺时针分置五角。这枚红五星代表证，是瑞金中央革命根据地纪念馆馆藏国家一级文物。

1931 年 11 月 7 日，中华苏维埃第一次全国代表大会隆重开幕。在江西瑞金叶坪村谢氏祠堂，600 余名代表佩戴着红五星代表证，共同翻开了崭新一页。中国历史上第一个全国性的工农民主政权——中华苏维埃共和国诞生。

立国必有法，法为立国之基。在中华苏维埃共和国诞生之

初，便把立法工作提上日程，开始了国家制度和法律制度建设的探索。

秋末冬初，红井革命旧址群，中华苏维埃共和国法制建设纪念馆庄严典雅。

走进纪念馆，一面由石刻烫金文字铺满的字墙映入眼帘，上面刻着中国共产党领导工农大众制定的第一部红色宪法——《中华苏维埃共和国宪法大纲》，大纲上方，"伟大开端"4个金色大字，熠熠生辉。

"早在成立之初，中国共产党便提出党的法制建设主张，在井冈山、赣西南、赣东北、鄂豫皖等革命根据地先后开始了实践探索。"讲解员杨益君介绍，随着革命根据地的不断扩大，中央革命根据地的形成以及红色政权的建立发展，制定一部统一的宪法，使各苏区在路线方针政策上保持一致，非常必要。

"苏维埃全政权是属于工人，农民，红军兵士及一切劳苦民众的""改善农民生活"……查看宪法大纲的条款，笔墨间写满中国共产党人的初心使命。

选举法、组织法、土地法、劳动法、婚姻法……一部部已经泛黄的法律文本，静静排列于纪念馆内的一面展陈墙上。

"新民主主义革命时期，中国共产党先后制定了120余部法律法令，初步构建起苏区法律体系，为新中国的法制建设积累了宝贵的历史经验。"山东大学特聘教授熊文钊说。

走出纪念馆，阵阵诵读声从红井革命旧址群内的列宁小学旧址中传来。

福建三明一所学校正在这里开展研学活动，高一学生杨慧灵说："这次瑞金之行，让我深刻体会了新中国来之不易，如今的幸福生活来之不易。"

开展红色研学实践，打造红色主题研学精品线路 19 条；修复司法人民委员部旧址，保留原客家祠堂的建筑风貌，通过大量史料图片生动再现苏区军民开展法律制度建设的伟大实践探索，将其打造成普法宣传阵地；弘扬借鉴苏区时期"轻骑队"做法，创建新时代红都政法轻骑队，推动红色治理创新……在瑞金，赓续红色法治血脉，弘扬红色法治文化的建设实践取得丰硕成果。

"红色资源是我们党艰辛而辉煌奋斗历程的见证，是宝贵的精神财富。我们深挖红色法治文化潜力，通过多种实践增强红色法治文化影响力。"瑞金市委政法委办公室主任刘学璘说。

一种司法理念，将党的群众路线运用于司法审判实践中

茫茫黄土塬，潺潺葫芦河，从甘肃省庆阳市华池县南梁镇流过。河东岸，南梁革命纪念馆巍然屹立。

20 世纪 30 年代，刘志丹、谢子长、习仲勋等无产阶级革命家以南梁为中心，创建陕甘边革命根据地，建立陕甘边区苏维埃政府，并参照中央苏区实施的政策、法令，颁布实施了涵盖土地、经济、军事、文化等的"十大政策"，边区呈现欣欣向荣的崭新面貌。

"金豆豆，银豆豆，豆豆不能随便投；选好人，办好事，投在好人碗里头。"南梁革命纪念馆讲解员陈淑娇介绍，来自各界的100多名工农兵代表用投豆子的方式，选举产生了陕甘边区苏维埃政府的领导成员。

新中国成立前，在抗日根据地、解放区的广大农村，"豆选"的作用被发扬光大。由于绝大多数农民不识字，中国共产党创造性地提出用豆子代替选票，保障农民平等享有选举权。

"1953年，新中国成立不久即颁布选举法。一脉相承的做法，充分彰显了我们党始终注重运用法治方式保障公民各项权利。"中央党校（国家行政学院）教授王若磊说，延安时期，《陕甘宁边区施政纲领》等法律文件的颁布，确保了司法机关依法办案，确立了侦查审判权统一行使、严禁刑讯逼供等原则，实行公开审判辩护、群众公审等制度，为新中国司法建设提供了宝贵经验。

根据地干部走村串户，与群众同吃同住，调解纠纷，办理案件，这种审判与调解结合、坚持走群众路线的做法，经过陕甘宁边区陇东分区专员、边区高等法院陇东分庭庭长马锡五的不断实践，形成了"马锡五审判方式"。"刘巧儿"的原型——华池县女青年封芝琴的婚姻上诉案，便是马锡五办理的典型案例之一。

在华池县南部城区，一进马锡五审判方式陈列馆序厅，以刊登《马锡五同志的审判方式》的报纸版面为原型的主题雕塑，十分醒目。

毡鞋、马鞍、便服、公文包，陈列馆里的几样旧物都是马锡五上山下乡时用的。1943年，毛泽东在延安为他亲笔题词，"一刻也不离开群众"。

坚持以人民为中心，是习近平法治思想的重要内容。习近平总书记强调："全面依法治国最广泛、最深厚的基础是人民，必须坚持为了人民、依靠人民。"

"'马锡五审判方式'开创了将党的群众路线运用于司法审判实践的先河，'把屁股端端地坐在老百姓的这一面'，为人民司法工作树立了一面旗帜，在方便当事人诉讼、回应群众司法需求方面有其独特意义。"王若磊说。

深入基层、巡回审理、就地办案、调判结合……随着全面依法治国不断向纵深推进，"马锡五审判方式"展现出强大而持久的生命力，"苹果巡回法庭""车载法庭""马背法庭""帐篷法庭"等特色便民法庭在基层涌现，红色法治文化以灵活多元的方式得到传承。

持续深入推进立案登记制改革，推动案件繁简分流；通过诉前调解、简案快审，优化案件办理程序，减轻诉累；坚持和发展新时代"枫桥经验"，构建多元解纷机制……如今，一系列继承弘扬红色法治文化的举措，助力加快建设公正高效权威的社会主义司法制度。

一群传播者，让红色法治文化深入人心

滹沱河畔，河北平山，西柏坡纪念馆。

"1949 年 3 月，党中央离开西柏坡赴北平开启建国大业，毛泽东将之喻为'进京赶考'，由此我们党踏上了波澜壮阔的执政征程……"纪念馆前广场上，讲解员正在主持一场敬献花篮仪式。随后，在场党员举起右拳，重温入党誓词，回望入党初心。

1947年7月，在西柏坡村东的一个老乡自家打谷场里，对中国土地改革运动史产生划时代影响的重要会议——全国土地会议正式召开。

几根竹竿搭起简陋的布棚用来遮阳，100多位代表以石为凳，以膝为桌，经过近两个月的会议，研究通过了《中国土地法大纲（草案）》。

轰轰烈烈的土地改革运动在解放区迅速开展，亿万农民第一次拥有了属于自己的土地，"耕者有其田"的梦想变成现实。

"土地法大纲极大调动了农民的生产积极性，不仅对保障解放战争胜利起到决定性作用，而且为新中国成立后的土地立法和土改运动提供了重要参考。"熊文钊说。

"'这回我们都翻身了，分了地，分了马，分了衣服、粮食……'这是一封解放区农民写的信，你看这封信落款的细节，哈尔滨市顾乡区靠山屯全体翻身农民，在农民前特意加上了'翻身'二字。"讲解员吕静用手特意指向信中一处说，

这也更体现了当时翻身农民们的喜悦和感激之情。

跟随吕静的脚步，沿着纪念馆外的小路行走10分钟，便来到了西柏坡时期的中央妇委旧址。

几间土屋、几张长桌，新中国成立后制定的第一部法律《中华人民共和国婚姻法》，就孕育于此。

"当时，河北省藁城县农村女青年赵小烟就是婚姻法的受益者。赵小烟和同村青年孙志锁自由恋爱，不料被家人百般阻挠，登记未成，下乡干部得知此事后，对干涉阻挠的家长进行了批评

教育，最终促成了二人的婚事。"临近国家宪法日，西柏坡纪念馆讲解员艺术团精心排演了多个宣传红色法治文化的节目，讲述节目《婚姻法的诞生》就是其中之一。

习近平总书记强调，加强革命传统教育、爱国主义教育、青少年思想道德教育，把红色基因传承好，确保红色江山永不变色。

西柏坡廉政教育馆、"西柏坡——依法治国从这里启航"专题展览、小品《土地回老家》、普法歌曲《我宣誓我奉献》、快板作品《这里是立规矩的地方》……近年来西柏坡纪念馆和讲解员艺术团发挥红色法治文化资源优势，讲好红色法治故事，推动法治元素有机融入革命旧址和爱国主义教育基地。

"讲解员是西柏坡精神的传承者和传播者，用足、用好、用活红色资源，挖掘好、研究好、践行好红色法治文化，需要拓展红色法治文化当代价值的实现路径。艺术团已成立30年，我们将继续进行节目创新，传承红色法治基因，让红色法治文化深入人心。"西柏坡纪念馆宣教部主任李亚辉说。

《人民日报》2024年12月1日

寻访木兰鸡冠山抗联密营遗址群

/ 张旭生

东北地区的冬季寒冷漫长，建立在茫茫原野和崇山峻岭间的密营是东北抗联战士抵御日寇和严寒的武器。寻访这些密营遗址，我们一步步走近那段艰苦卓绝的历史。

黑龙江省哈尔滨市木兰县是革命老区，抗日战争期间是东北抗联北满地区重要的抗日游击区和根据地。"九一八"事变之后，木兰县是抗日义勇军和中国共产党早期创建的抗日游击队活动区域之一。1936 年赵尚志将军率部西征后创建了以鸡冠山为核心的抗日游击根据地。同年 8 月 1 日，赵尚志在木兰县签发了《东北人民革命军第三军改编为抗日联军第三军通告》。东北抗日联军第三军对日作战有据可查的达 150 余次，谱写了波澜壮阔的抗战篇章。

2015 年，国家图书馆中国记忆项目组发现东北抗联在木兰县的相关史料，认定其为东北抗联第三军密营遗址的核心区。随后，鸡冠山东北抗联密营搜寻小分队开始为期 3 个多月的搜寻，在鸡冠山脚下、沙河两岸大约 30 公里发现大量的东北抗联密营遗址。2016 年 10 月 11 日至 14 日，军事科学院、国防大学、国家图书馆中国记忆项目的军事、军史专家和学者组成的考察团认定：木兰县鸡冠山密营遗址群是东北抗联第三军集作战、生产和生活于一体的多功能综合性军事设施，是遗址面积较大、功能较全、军事设施较完备、历史遗迹较多、全国罕见的东北抗联战迹地。

这些年，搜寻小分队跋山涉水，走遍鸡冠山的深山密林，对木兰县及毗邻区域 5000 多平方公里范围内的遗址进行调研核查，搜寻到密营及相关遗迹千余个。这些密营遗址设施完备、功能齐全，有指挥机关，包括地窖子、医院、食堂、马厩、粮仓、菜窖；有成战斗队形的营区，与交通壕、战壕连通，综合考虑了作战与生活、学习与训练、坚守与转移；有前沿阵地，靠近水源，依山据险而建。遗址区呈现系统化和规模化布局。翻阅队员 2018 年的搜寻日志可以看到，这一年的 4 月至 9 月，进行了长达 174 天的寻找。每天平均行车 20 公里，步行 5 至 10 公里，一天发现的密营遗迹最多时可达 60 余个。按照文物保护"四有"要求，小分队逐一核实，建立了初步的密营遗址档案。

坐落在鸡冠山景区小鸡冠山后背的沙河林场 23 林班，是当年东北抗联的核心密营遗址所在，当地土名叫"簸箕掌"。2024 年 6 月至 11 月，黑龙江省文物考古研究所等单位对其进行正式的考古发掘，发掘面积约 1000 平方米，出土文物 3000 多件。

考古证明，簸箕掌遗址属于东北抗联文化遗存。遗址内保留了发生大规模战斗的实物证据，发现弹壳等作战类遗物，目前经过初步整理有 50 余种不同型号的子弹，符合抗联部队当时作战条件较为艰苦、武器种类繁杂且型号并不统一的情况。在遗址外围发现日本三八式步枪子弹集中出土的区域以及日军联队级以上部队配备的炮弹，一个前沿哨所周边的弹壳密集度就达数百个，证实当时这里的抗联部队曾遭受日伪军的猛烈进攻。

经过发掘，7 座房址均发现有倒塌的炭化木头堆积，战壕内也见大量被损毁的瓷器、陶器等生活用具，说明当时日伪军袭击簸箕掌后进行了烧毁和破坏。簸箕掌遗址的房屋建造颇具规模，既有面积较大的火炕，还有专门规划设计的排水系统，在房址中还发现有大量的炭化粮食，初步可认定出小米、黄豆、玉米、高粱、大米 5 种，反映当时抗联队伍在此驻扎的时间较长。7 座房屋形制较为简单，各房之间均有壕沟相连，且与周围的掩体、壕沟等共同筑成防御系统。发掘出土的既有弹壳、弹头、弹夹等作战防御类遗物，还有生产工具、马具、生活用品等，复原了当时抗联防御作战、生产生活的场景。

第四次全国文物普查工作启动后，木兰县文保中心集中力量对鸡冠山抗联密营遗址再次进行全面、详实的复查，利用先进设备定位、拍摄，绘制密营遗址分布图、划定两线范围，新发现抗联密营遗址 5 处、文物单体 157 个，建立了科学完善的"四普"和革命文物保护档案。

综合 10 年的调查搜寻、考古发掘和"四普"成果，目前已经发现上万件东北抗联文物。这些文物将通过展陈生动呈现东北抗联艰苦卓绝的历史面貌和不屈的民族精神。

《人民日报》2025 年 4 月 12 日

烽火天心阁

/ 谭 凯

我在长沙读书生活已整整 20 年了，今天我登上天心阁，心中尤为感慨。

从明朝万历年间开始，天心阁就一直俯瞰着阁楼之下这座城市的芸芸众生和岁月变迁，却毁于抗战时期的文夕大火。1938 年 10 月，武汉失守，抗战进入相持阶段，日本侵略者下一个进攻目标就是湖南。长沙就在当年 11 月的"焦土抗战"中变成火海。五天五夜，葬身火海者达 3000 余人，基础设施尽毁，家园被焚，数十万百姓流离失所。

这场灾难并未摧毁长沙军民的意志，反而激发了他们保家卫国的决心。在日军随时可能发起进攻的情况下，中国军民迅速展开了生产自救。时任国民政府军委会政治部副部长的周恩来此时也在长沙，电报政治部第三厅所属各部人员赶赴长沙救灾。三厅六处处长田汉见到满城焦土，在片片凄凉中，悲壮地写下"犹有不磨雄杰气，再从焦土建湖南"。一边抗战，一边救灾，难以想见，当时的长沙人民要经历怎样的痛苦，才能迎来这座城市的复苏和重生。

重建尚未结束，长沙便遭到了日军的猛攻。从 1939 年 9 月至 1942 年 1 月，日军 3 次大举进犯长沙。中国军民奋力抵抗，迫使日军从长沙败退，史称"长沙会战"。在第三次长沙会战中，中国军队利用湖南独有的地势和水文环境，创立"天炉战法"。所谓"天炉"，是面对日本机械化部队，从岳阳到长沙一路南下，中国军队采取先撤退后合围的方式，将日军引入"炉"中，炉温越炼越高，最终歼灭敌人。而"天炉"的炉底，就是天心阁下的长沙城。火灾复苏不久的长沙城，再次遭到兵燹之祸。火灾后仅剩下断壁残垣的天心阁，依然是长沙城的制高点，在整个抗日战争中，一直是防空、反空袭的要塞和军事布防的主要阵地。

1942 年元旦，长沙整日雨夹雪，天心阁上寒风凛冽。数十架敌机在低空轮番扫射轰炸，地面炮火更是密集。炮弹在地面激起的沙土灰尘与战火燃起的火药烟尘，使得长沙城有如地狱般。天心阁一直是日军想强攻占领但始终没有如愿的地方。元旦当日，日军攻至天心阁脚下。守卫天心阁的军队可以清晰地看到城内敌我双方短兵相接的肉搏战。即便日军有陆空优势火力，中国军队依然奋勇抵抗，双方伤亡惨重。驻守天心阁城墙的中国军队决定弃守为攻，主动出击。军号声一响，满脸黑灰的中国军人，从天心阁战壕中跳出，一齐俯冲至日军阵营。此时的日军在猝不及防的攻击下选择了迅速撤退。天心阁下的进攻突围，与湘江以西岳麓山上的中国炮兵部队形成密切配合，奠定了第三次长沙会战胜利的基础。

在长沙会战中，为阻滞日军进攻，湘北农民4万多人破坏公路1230多公里；妇女们则是用双手打出4万多双鞋和13万条毛巾；从火灾中幸存下来的长沙百姓更是将自家粮食煮熟之后送至阵地。中国军民合作共同抵御外侮，是长沙会战的最大亮色。长沙会战与欧洲战场上盟军节节败退的局面形成鲜明对比，极大地鼓舞了人心，坚定了中国人民抗日的决心。

在大火的焦土中复苏重生，又在抗日的炮火中坚决抵抗，这种刚毅顽强的生命力，正是湖湘数千年来文化精神的诠释和延续。

抗战胜利后，为纪念长沙会战中牺牲的将士，社会各界踊跃捐款，在天心阁旁边建起了崇烈门、崇烈亭、崇烈塔等建筑群。重建的天心阁与抗战纪念建筑群浑然一体，成为这座城市重要的名片。

如今的天心阁公园，成为长沙百姓娱乐休闲的重要场所，也是外来游客的重要打卡地。登顶天心阁，可与远处岳麓山遥遥相望。天心阁下早已没有了战争烽火，车水马龙、声光交错，换了人间。我从天心阁下来，看到长沙市民正在这座公园或散步或闲坐，安逸地享受着今日的宁静祥和。此时，天心阁上这副对联显得格外抢眼："四面云山都入眼，万家烟火总关心"。

《人民日报》2025年6月21日

功勋卓著的惠通桥

/ 苏东晓　　王黎锐

惠通桥，位于云南龙陵县城东北 74 公里腊勐镇与施甸县太平镇交界的怒江上，是抗战时期我国西南后方国际交通线——滇缅公路过怒江的唯一通道。该桥所处的怒江峡谷，东为太平大山头，西为腊勐松山，山顶海拔 2000 米以上，江边海拔仅 600 余米，山高谷深，形势险要。

早在宋元时期，这里就是我国南方丝绸之路的交通要隘。明末，将领邓子龙曾在这里开渡过江，时称"将军渡"。清朝道光至光绪年间，分别由潞江土司线如纶和永昌府龙陵厅同知覃克振两次组织修建铁链吊桥，时称"腊勐江桥"。1935 年，龙陵县长杨醒苍扩修通边大道，约请保山旅缅华侨梁金山捐资将原铁链吊桥改为角塔式钢索吊桥，以惠民通行之意定名"惠通桥"。1938年，抢修滇缅公路时，惠通桥按照承载 10 吨以上的公路桥标准进行了改建。此后，虽屡遭日军飞机轰炸，但都很快修复，保障了大批盟国援华物资得以源源不断运入我国。

1942年5月4日，日军攻陷龙陵后，第二天就侵袭了松山脚下的惠通桥。为了夺占被国民党军队把守的惠通桥，5月5日，化装成难民的日军先头部队混到桥头。碰巧的是，一个叫何树鹏的龙陵商人带着车辆，逆行至惠通桥的东桥头，导致拥堵。守桥宪兵努力清障，车主何树鹏却恶言相向。面对拥挤不堪的逃难人群，为了尽快疏通交通，宪兵不得已开枪将其击毙。化装成难民的日本夺桥部队，以为自己暴露了，纷纷拿出枪来开始战斗。在这千钧一发之际，守桥工兵营营长张祖武命令立即炸桥。巨大的爆炸之后，惠通桥彻底失去了通行能力。随后，中国守军消灭了已过桥的少量日军和后来强行渡江的数百名日军士兵。

自此，原计划进军昆明的日军被阻于怒江以西。1944年5月，中国远征军强渡怒江展开反攻。惠通桥于当年7月抢修恢复通行，成为过江反攻的主要通道和后勤供应枢纽，为顺利收复松山、龙陵和芒市发挥了关键作用。1945年抗战胜利后，该桥屡经修复加固，长期成为滇西国道主干线上的交通枢纽。

1974年，怒江下游新建的钢混"红旗桥"通车，惠通桥才被停用作为古迹保留至今。惠通桥于1993年被列为云南省省级文物保护单位，2015年抗战胜利70周年之际，由省市交通、文物部门按原样作了全面修复，2019年被公布为全国重点文物保护单位。

惠通桥主桥为典型的加劲木桁结构钢索吊桥。桥体为南北走向，总长154米，桥面宽5.6米，墩高30米。墩上桥塔隶体横书

"惠通桥"三个大字，门柱上早年曾书"努力后方运输，增强抗战力量"一副对联，整体"壮丽宏都，灵固巧便"。建桥纪念碑塔位于主桥南端东侧台地上，1935年修建，塔座前镶嵌"重修惠通桥记"大碑一方，详细记述了当年将铁链吊桥改建成现代钢索吊桥的原因、经过和结果等情况，是目前了解惠通桥历史的主要依据之一。

惠通桥，既是滇西地区修建最早的钢索吊桥，又是抗战期间我国西南后方国际交通线——滇缅公路过怒江的唯一通道，它的建成和使用，有效保障了前方抗日战场的作战需求。一座桥的背后，是值得铭记的伟大抗战精神。

《人民日报》2025年6月28日

全国政协礼堂的故事

/ 叶晓楠

"虚心使人进步，骄傲使人落后"，这句耳熟能详的话出自哪里？中共八大代表黄宝妹珍藏的编号为000720的《中国共产党第八次全国代表大会代表、候补代表名单》原件什么样？2021年6月，《中国共产党第八次全国代表大会历史陈列》在全国政协礼堂展出，吸引了众多参观者。

为什么展览设在这里？原来，全国政协礼堂是1956年中国共产党第八次全国代表大会的会址，同时，这里也见证了中国共产党领导的多党合作和政治协商制度走过的辉煌历程。

全国政协礼堂位于北京市西城区太平桥大街，这座庄严典雅的建筑，是新中国较早的重要建筑之一。全国政协礼堂的门额上，高悬着中国人民政治协商会议会徽。整座礼堂尽显庄严宏伟、朴素典雅的民族风格和现代建筑的非凡气派。记者对中国政协文史馆进行了采访，了解全国政协礼堂所见证的辉煌历史。

从设计到施工用时不到两年

全国政协礼堂所在地原为清代顺承郡王府。民国时，张作霖买下这座府第作为大帅府，张学良曾在此居住。全国政协机关搬来不久，于学忠代表张家办理了卖房手续。

在全国政协机关老干部局汇编的《我与政协同行——纪念人民政协成立60周年全国政协机关老同志回忆文集》一书中，全国政协原文书处处长王运深回忆，全国政协成立初期，在中南海东花厅办公，由于政协各项工作的开展，工作人员不断增加，全国政协机关用房需要扩展，同时也为政协对外联系方便，经中央领导决定，1950年9月底，全国政协机关搬至原顺承郡王府办公。

全国政协礼堂是在周恩来亲自筹划下建造的。周恩来提出，要给全国政协建造一座能容纳1000多人的礼堂，以便全国政协委员及各民主党派、人民团体开展活动。政协礼堂于1954年筹建，1956年正式竣工。

据参与过相关工作的老同志回忆介绍，当时这项工程实际上是受时任政务院副秘书长齐燕铭领导的，他主持召开了两次工程建设会议。

第一次会议，北京市建筑设计院、电业局、中央广播事业局等单位负责同志参加，齐燕铭传达了周恩来的指示，然后讨论了选址问题和各单位分工协作问题，最后决定在政协机关院内盖。考虑到礼堂建成后除政协使用外，中央和国家机关还会有一些重要活动要在这里举行，因此在设计方面要有翻译室和翻译装置。

第二次会议是讨论设计方案。方案为大会场分上、下两层，可容纳 1300 余人开会，几个休息厅都比较大。一楼设五个会议室，其中第二会议室可容纳 200 人开会。三楼有一个 800 平方米的大厅，既可开各种会议，也可举办各种文娱活动。礼堂开设东、西、南、北四个门，北门正对着政协机关，南门是正门，南门外开一条马路。

由于建设政协礼堂是中共中央直接抓的项目，参加建设的各个单位非常重视，都派出著名工程设计师和优秀施工队伍。所以，政协礼堂工程质量堪称一流。

"开工后，全国政协机关 100 多人不分男女，轮流参加义务劳动，有的搬砖，有的抬土，我们年轻力壮的男同志用小车推水泥。整个工地热气腾腾，一片繁忙景象。在多方大力支援下，不到两年，礼堂就落成了。"王运深在回忆文章里这样写道。

据参与过相关工作的老同志回忆说，1955 年下半年，周恩来来察看，他仔细看了一遍各厅室，应该是比较满意的。

"中国共产党第八次全国代表大会会址"

2018 年 6 月 21 日，全国政协礼堂门口，悬挂上了一块崭新的牌子——"中国共产党第八次全国代表大会会址"。这块铭牌，背后又有何渊源呢？

原来，1956 年 9 月 15 日至 27 日，中共八大在全国政协礼堂举行，这是中国共产党在全国执政后召开的第一次全国代表大会。大会提出了党和全国人民在新形势下的主要任务，在经济、政治、文化、外交等方面作出一系列重要决策部署，并着重提出了加强执政党建设问题。以毛泽东《论十大关系》和中共八大为标志，党对中国社会主义建设道路的探索有了良好的开端。大家耳熟能详的"虚心使人进步，骄傲使人落后"就是出自此次大会的开幕词。

在政协礼堂新近推出的中共八大历史陈列展中，记者看到，展览展示了毛泽东对中共八大政治报告修改稿的批示，周恩来对政治报告的修改，中国共产党党章修改稿，毛泽东亲自起草的中共八大开幕词大纲，中共八大代表及工作人员珍贵口述访谈等，充分展现了中国共产党为开辟一条适合中国国情的社会主义建设道路而进行的积极探索。

现场还有一份特殊的展品，其主人是当时参加中共八大的代表黄宝妹。黄宝妹是新中国纺织工人的优秀代表，是第一代劳模，也是"七一勋章"的获得者之一。

据展览讲解员宋维峰介绍，为了筹备此次展览，工作人员通过多方面渠道和老人取得联系，进行沟通后，黄宝妹决定将她珍藏多年的编号为000720的《中国共产党第八次全国代表大会代表、候补代表名单》原件等借给展览展示。

宋维峰介绍说，在中共八大上，各民主党派和无党派民主人士向大会赠送了一件礼物——雕刻着长征中红军胜利渡过大渡河时情景的工艺品。

当时，李济深激动地说，我们用这件礼品来象征我们各民主党派在中国共产党领导下，同舟共济，胜利地过渡到繁荣幸福的社会主义和共产主义社会。

中共八大在政协礼堂召开的消息激励着全体礼堂员工。

在《我与政协同行——纪念人民政协成立 60 周年全国政协机关老同志回忆文集》一书中，全国政协原行政处处长苏林云回忆说，当时，大家都纷纷表示要做好各项准备工作和大会服务工作，保证会议顺利进行。"我们从人员调配、安全保卫、会场布置、招待服务等各方面进行了精心安排，还组织服务人员到外单位学习和操练。为了解决礼堂的座位数量问题，在一楼把所有座椅都移动位置，增加了两排桌椅。"

解决 270 人上主席台是一个难题。因为要求会议进行时，坐在下面的代表们能看到主席台上的人。而主席台只有 16 米宽，每排最多只能坐 30 人，需要安排 9 排座位。工作人员集思广益，多次向有关单位和能工巧匠请教，最后确定了解决方案：第一排座就在地面，从第二排起每排高出 20 厘米，共做了 8 排高大地坪，每排都设有固定的栏板以保证安全，这样共设计制作了 80 多块挡板。在两侧和后排还留了走道。

苏林云在回忆文章中说："八大会议就要闭会时，毛主席的秘书叶子龙对我说，毛主席说这次会议期间，礼堂同志很辛苦，他要在会议结束的时候见见大家。……当毛主席面带笑容，一边走一边挥着手说'同志们辛苦了'的时候，大家都拥着毛主席走到北门厅，很多人都激动地哭了，那个激动人心的场面使我终生难忘。"

见证中国共产党领导的多党合作和政治协商制度辉煌历程

政协礼堂外型庄严典雅，既高大又豁亮，是新中国较早的重要建筑。落成 60 多年来，政协礼堂见证了中国共产党领导的多党合作和政治协商制度走过的辉煌历程。

1957 年 5 月，中国新民主主义青年团第三次全国代表大会在全国政协礼堂召开。毛泽东等党和国家领导人出席，邓小平发表祝词。这次大会决定将中国新民主主义青年团改名为中国共产主义青年团。

据苏林云回忆，20 世纪 50 年代末，政协全国委员会还根据中共中央和国务院的要求，积极采取措施照顾党外政协委员和各界代表人士的生活，政协机关增设了服务科，帮助委员解决生活中的具体困难。

1959 年底至 1960 年春，全国政协在礼堂筹办文化俱乐部。被邀请的委员对俱乐部各项工作十分积极，经常提一些有价值的建议。

苏林云记得，陈铭德委员对书画室工作十分认真，常常陪爱好书画的委员聊天，对委员的书法和绘画进行登记整理。邓季惺委员还亲自到厨房做过拿手的四川泡菜，郭秀仪委员做过拿手的罐罐鸡，受到用餐委员的欢迎，也给餐厅增添了融融乐趣。

党和政府通过人民政协把温暖送到政协委员和其他党外人士心上，不少委员把政协当成了自己的家。

1978 年 2 月 24 日至 3 月 8 日，全国政协五届一次会议举行，会议选举邓小平为全国政协主席，乌兰夫等 22 人为副主席。会场响起经久不息的掌声。

1980 年 1 月 1 日，全国政协在政协礼堂举行了第一次新年茶话会。在这次茶话会上，邓小平强调指出，搞社会主义现代化建设，必须要有安定团结的政治局面；而要做到安定团结，就必须保证党的领导。他说，我们之所以能经得起风浪，党的领导是最根本的一条保证。只有坚持党的领导，才能保证我们政治路线、思想路线和组织路线的统一，工作效率才能提高。

邓小平的讲话在全国引起了巨大反响。自此以后，在全国政协礼堂举办新年茶话会成为惯例，延续至今。

如今，除了全国政协大会在人民大会堂举行外，全国政协的其他重要会议和活动基本都在政协礼堂或会议楼举行。

《人民日报海外版》2021 年 8 月 12 日

"书"载大义

——书信间的忠诚誓言

耿耿气节在绵绵亲情长

百姓家书映射抗战烽火

/ 丁　章

　　在纪念抗日战争胜利 60 周年的日子里，一批鲜为人知的抗战家书引领人们走进那段艰苦卓绝的历史岁月。由中国国家博物馆等单位联合发起的抢救民间家书项目组委会收到来自民间的抗战家书近百封，其中既有中国共产党领导的八路军、新四军指战员写给家人的书信，又有国民党军队抗日将士的战地家书，也有在日寇铁蹄蹂躏下的普通百姓的心声。这些浸透着血与火的家书，从一个侧面真实地再现了抗日战争时期普通百姓的苦难生活，以及抗日将士誓死保家卫国的民族气节。

国之不存家何在

　　来自浙江的收藏爱好者周立峰先生捐赠了一封纸张发黄、信封破损的家书，周先生多方考证，它的作者是一位江西籍的红军战士，经长征后到达陕北。而信写于 1937 年 4 月 30 日，当时抗战还没有全面爆发，红军尚未改编为八路军，但西安事变已经发生，第二次国共合作已经达成，因此信中提到了"国共合作"。这封普通红军战士写给江西老家的信流落民间，被周立峰在一次拍卖会上取得，其作者下落已不可考。从行文上看，作者文化水平不高，文法上有多处不通顺的地方，但谈到抗日的情况时行文却流利而铿锵：

父母亲大人膝下：

敬禀堂前万福金安！近来身体是健康，饮食增加否？……想必家中合家平安，但是我离家已久了，自从反攻以来未曾与家通信，衣食住行是很平安，请大家不要挂念。我在外，大家都是为着抗日的，为了保护我们的国家，为着自己的家庭来做事……

与红军战士于军旅生活中匆匆挥就的朴素书信相比，新四军战士胡孟晋离开故乡时给妻子写的信就显得生动活泼、深思熟虑。

胡孟晋，安徽舒城人。抗战爆发后参加了新四军战地服务团，从此投身抗战，转战于安徽、江苏之间，后又随新四军北撤，1947 年在山东逝世。这封信写于 1939 年，信中对妻子作为革命伴侣的思想进步寄予了很大的期望：

最亲爱的惠呵：

我们又要离别了！大难当头，应踊跃赴前线杀敌。希望你将无知识的妇女组织起来，宣传和教育她们，使伊等知道"皮之不存，毛将焉附"？"国之不存家何在"？使她们不致含泪终日，倚门遥望前线上的夫、子早日归来呢！

惠，要革命成功，须经过艰难困苦的阶段，当此环境中是要立定脚跟，具坚强之意志，任何之外诱不可动摇的，"国危见忠臣"，要在困难中锻炼成真正的革命者啊！

而这位张惠女士果然没有辜负丈夫的期望。据了解，张惠随后便在家乡投身于"妇女抗敌协会"的组织工作，在胡孟晋烈士逝世后又抚养几个孩子长大成材，至今以91岁的高龄健在。

愿洒热血卫中华

安徽岳西县的储淡如先生捐赠了程雄烈士的两封家书。程雄，安徽省岳西县人。1939年到新四军江北游击纵队，1940年5月分配到新四军第二师五旅十三团二营三连任副政治指导员兼党支部书记，临行前他写了一封家信

亲爱的双亲大人膝下：

儿这次为了民族，为了阶级，为了可爱的家乡，为了骨肉相连的弟妹，求得生存和幸福，不得不来信辞别双亲大人，如果不能活着的话，双亲大人应保重玉体，抚育好弟妹，生活难度的话，可卖掉土地、房屋，把生命糊过来，到十年八年我们就好了，有饭吃、有衣穿、有房子住，现在儿就要离开大别山，走上

最前线消灭敌人，保卫中华，望双亲不要悲伤挂念，儿为伟大而生，光荣而死，是我做儿子最后的心意，罪甚！罪甚！

据说，接到这封信，他的父母和全家人都哭成泪人儿，但父母亲深明大义，立即回了一封情真意切的信，劝慰儿子不要挂念家庭，英勇杀敌，报效祖国。1943 年 8 月 17 日，程雄在江苏省六合县桂子山与日本侵略军作战中壮烈牺牲。

浙江武康的一位老人褚召南捐赠了一封珍贵的家书，是他的二哥褚定侯于 1941 年 12 月写给兄长的。褚定侯牺牲前是国民革命军陆军第四十一师的一位排长。1941 年 12 月下旬，日军重兵进攻长沙，与国民党军队展开第三次长沙会战，褚定侯奉命坚守浏阳河北岸，阻敌南犯。在坚守阵地的间隙，他提笔给大哥写了一封信，通篇贯穿着大敌当前、视死如归的紧张气氛与战斗豪情。

褚召南后来了解到，在前有顽敌，后无援兵的困难情况下，褚定侯率部孤军与日寇昼夜血战，直至全排官兵壮烈殉国。1942 年 1 月，由于我军官兵的合力抵抗，第三次长沙会战以中方的胜利而告终。

匆匆奔波大会战

今年 4 月，71 岁的上海老人姚慰瑾因为捐赠了父亲姚稚鲁的一批家书而成了"名人"。

1937 年 8 月，淞沪会战爆发，姚稚鲁一家所在的上海南市区老城厢很快陷于敌手，百姓纷纷逃难，姚稚鲁率妻子马芳珍和两个女儿慰瑾、亚瑾逃往法租界妻兄家。1938 年 4 月，性格倔强的姚稚鲁不愿依赖亲戚过活，不顾有病在身，决意孤身一人离沪去外地求职。那一年，姚慰瑾才 4 岁。

姚慰瑾的父亲姚稚鲁是一名普通的小学教员，除了一两张模糊的照片，父亲留下的便是一些抗战期间离沪后写给家里的书信。这些信不仅记录了姚稚鲁在这个世界上的最后踪迹，也为抗战期间的民间景象留下了鲜活的第一手记录。

离沪后，姚稚鲁先后到过南昌、武汉等地求职，均无结果，1938 年 8 月便彻底和家人失去了联系。由于这一阶段先后爆发徐州会战、武汉会战，当时的国民政府集中兵力和日军展开决战，华中一带兵荒马乱，难民如蚁。他先后寄回上海的信也能看得出写于匆忙之中，纸张大小不一，日记、书信形式各异，落笔卓草，仓皇之势显然。

在中原大会战的准备声中，武汉密布着恐怖空气。走啦！走啦！重庆、成都、香港、上海，纷纷地忙着奔波。我呢，满望到了汉口，或许在生活上有一点儿希望，如今可毁啦！不单舍却你们，在外面度那可怜岁月，而且要跟上四姊逃难哩！乱世做人，简直不是人。

写完这封信不久，姚稚鲁便杳无音讯，据说因贫病交加而死，但无从知道死于何处。

文物里的抗战

从一封封家书里，我们似能闻到当年的硝烟，看到一幅幅"流民图"，从而拉近我们与那段历史的距离。这些家书不仅记载了一段血与火的历史，而且承载着绵长而醇厚的亲情，真实反映了在国破家亡的危急关头，血洒疆场的抗日将士不屈的民族气节，以及在日寇铁蹄蹂躏下普通国民的心路历程，今天读来仍催人泪下，余味绵长。

抢救民间家书活动由中国国家博物馆等共同发起，2005 年 4 月启动以来，在海内外华夏子孙中引起了强烈反响，目前项目组委会已收到家书近 1.8 万封。其中，有近百封写于距今 60 年前的抗日战争时期。

《人民日报》2005 年 9 月 15 日

一封信札折射鱼水情深

/ 李洪兴

在中国人民革命军事博物馆，珍藏着一封长 29 厘米、宽 22 厘米的信件。褶皱的纸张，印刻着历史的痕迹；苍劲的笔迹，在字里行间诉说着朴素真情。这是时任八路军第四纵队司令员的彭雪枫，在 1940 年 7 月给一位老妈妈写的信，今天读来仍然感人至深。

"谢老太太：你的三个儿子为了抗日救国英勇牺牲，满门忠烈，留下无上的光荣，全国军民莫不钦敬……"如信中所述，谢老太太的三个孩子谢继书、谢继祥、谢继良参加了新四军，后来相继牺牲在战场上。谢老先生因悲伤过度病逝，她带着儿媳和四个年幼孙儿艰难度日。得知谢家为抗战作出重大牺牲的故事后，彭雪枫甚是感佩，委派有关人员携带一百法币前往慰问，并致信一封。壮哉谢家，为国为民而战；鱼水情深，至真至诚之言。

坚毅品质锻造不屈精神，团结意志坚定必胜信念。谢家三个孩子牺牲后，家里无论多困难，谢老太太都不愿向组织伸手，在收到来信后激动地说："我老了，不能为国出力了，但我要和儿媳妇一起，把孙子都培养成人，让他们长大后还报效国家。"无论是送子上战场还是教育后人，谢家称得上是"英雄之家"，谢老太太用行动诠释着英雄情怀。同时，英雄的人民与英雄的战士，团结起来，汇聚成了胜利的滚滚洪流。如信中所说，"我们要努力打走日本鬼子，为你的儿子复仇，使你能过安宁的日子"。抗战决心、必胜信念、美好期许，在党群同心、军民团结中久久激荡。

"军民团结如一人，试看天下谁能敌"。党的百年历史，就是一部践行党的初心使命的历史，就是一部党与人民心连心、同呼吸、共命运的历史。江西于都老乡钟伦扬，为不让"红军锅"落入敌手而不惜冒险，连锅带人被敌人的子弹打伤，那口带枪眼的行军锅收藏于中央红军长征出发纪念馆；红军途经宁夏西吉，教当地群众制作粉条，"红军粉"成了"致富粉"，那把用过的粉勺陈列在将台堡三军会师纪念馆。"半条被子""一条棉裤""一盏马灯""一张借据""两个红薯"……朴实无华的物品，见证着水乳交融的深情。历史与实践证明，谁把人民放在心上，人民就把谁放在心上，也只有一切为了人民、一切依靠人民，同人民荣辱与共、同舟共济，才能不惧山高路远，不畏风狂雨骤。

人心就是力量。彭雪枫常要求战士，"在敌人面前是猛虎，在人民面前像绵羊"。人民立场是中国共产党的根本政治立场，只有赢得人民信任、得到人民支持，才能无惧困难、无往不胜。

革命时期，"胜利，是人民群众用小车推出来的"；改革时期，"创造这奇迹要靠谁？要靠我，要靠你，要靠我们八十年代的新一辈"；新时代，脱贫攻坚战取得全面胜利，要唤起"我能行"的意识，要发扬"让我来"的精神……无论过去、现在还是将来，同人民风雨同舟、生死与共，是我们党战胜一切困难和风险的根本保证。

重温信札里的军民情、鱼水谊，更能感知"人民有信心，国家才有未来，国家才有力量"。彭雪枫做师长的新四军第四师，创办了一份机关报《拂晓报》。其发刊词写道："拂晓催我们斗争，拂晓引来了光明。"在拂晓时迎来晨曦，于人民中汇聚力量，与人民心心相印、与人民同甘共苦、与人民团结奋斗，就能在新征程上浩荡前行、创造新的更大奇迹。

《人民日报》2021 年 3 月 24 日

字里行间家国情

/ 孙现富

　　信札，是读懂历史的一道入口。广东河源革命历史、革命烈士纪念馆珍藏的阮啸仙烈士的家书，感动了无数观众："我简直不知道你今年已经是十三岁，还以为是在广州兰苑住时一样童稚呢，其实在那时我也不知道你多少年纪。这样对于自己儿子不相关的父亲，说起来真难为情呀！爱儿！你不要怨恨我这不尽职的父亲……"

　　在当时严峻的革命形势下，阮啸仙与儿子聚少离多，写信时距上次相见已是7年。纸短情长，薄薄几页泛黄的信纸，充满了父亲对爱子的深情，更彰显着中国共产党人"舍小家、为国家"的革命风范。

　　"不尽职的父亲"，是一位尽职尽责、为理想信念奉献和奋斗终身的中国共产党员。无论是大革命时期领导农民运动，还是设定"六不准"原则，在中央苏区卓有成效地开展审计工作，阮啸仙始终用责任和担当践行着中国共产党人的初心和使命。几封家书，成为阮啸仙留下的珍贵精神财富。

革命烈士的家书中，有家国情怀，有缱绻情意，有静水流深，都充满震撼人心的力量。"我的孩子！今后——愿你用变秋天为春天的精神，把祖国的荒沙，耕种成为美丽的园林！"《红岩》中"蓝胡子"的原型蓝蒂裕烈士，英勇就义前在一张烟盒纸上写下对5岁儿子的期望。一字一句，满怀革命必胜的豪情，也深藏感人至深的温情。"我最亲爱的孩子啊！母亲不用千言万语来教育你，就用实行来教育你。在你长大成人之后，希望不要忘记你的母亲是为国牺牲的！"赵一曼在字里行间，透露出坚定的革命意志和对儿子的歉疚与期望。一封封沉甸甸的红色家书，是战火纷飞年代的一首首生命赞歌，展现出中国共产党人的精神境界。

习近平总书记指出："这些革命烈士的家书是进行理想信念教育最生动、最有说服力的教材"。据不完全统计，从1921年至1949年，全国牺牲的有名可查的革命烈士就达370多万人。国家危亡之时，无数满怀热血的仁人志士，告别父母妻儿，义无反顾地走向战场，救百姓于水火、救民族于危难之中。"为着中华民族就为不了家和个人"，他们把对家人的爱深埋心底，把博大无私的爱献给了国家和人民。面对生离死别，面对流血牺牲，没有一丝一毫的畏惧与退缩，因为他们对共产主义的信仰无比忠诚，因为他们坚信正义的事业必然胜利。

信仰的力量在传承中跨越时空。新冠疫情防控最吃劲的时候，医生曹晓英给儿子留下一封家书后毅然进入隔离区。"使命必达，在所不辞"，这是一位妈妈对儿子的承诺，也是一名党员对党和人民的承诺。为啃下脱贫攻坚最硬的骨头，余永流留下一封"请罪书"，辞别家中尚未满月的小女，扎根脱贫攻坚一线。从艰苦卓绝的革命年代到白手起家的建设岁月，从波澜壮阔的改革时期到奋力实现中华民族伟大复兴的新时代，时光流转，中国共产党人"我将无我、不负人民"的崇高情怀，必将永远闪耀在历史的星空。

《人民日报》2021 年 7 月 22 日

"觉醒年代"的一组信札

/ 张　丁　朱悦华

　　在电视连续剧《觉醒年代》中，多次出现主人公写信的镜头，尤其是关于《新青年》编辑方针、前途命运等问题，陈独秀与李大钊等人鸿雁往还，开诚布公。这些书信距今已一个世纪之久，拂去历史尘埃，它们的真实面貌到底如何？在今年6月修复开放的北京《新青年》编辑部旧址，首次集中展出了李大钊、陈独秀编辑《新青年》时的往来书信以及编者作者之间的通信手札。

　　其中部分原件现收藏于中国人民大学博物馆。中国人民大学博物馆所藏《新青年》编辑同人之间信札共13封，其中11封为陈独秀手迹，2封为钱玄同手迹。这批书信的写作时间在1920—1932年，内容涉及《新青年》编辑同人关于编辑方针的讨论、中国共产党创建初期的相关活动等多方面内容，属于珍贵历史文物，也因此成为中国人民大学博物馆的镇馆之宝。

　　《新青年》原名《青年杂志》，1915 年 9 月由陈独秀在上海创办，一年后改名为《新青年》。从创刊至 1917 年，《新青年》前三卷由陈独秀一人担任主编和主撰，其他主要撰稿人有李大钊、胡适、刘半农、高一涵、易白沙、吴虞等。1917 年 1 月，北京大学校长蔡元培聘任陈独秀担任北大文科学长。陈独秀北上就职，《新青年》随之迁至北京，编辑部设在他的住所箭杆胡同 9 号（今 20 号）。陈独秀把在北大任教的李大钊、鲁迅、胡适、钱玄同、刘半农、高一涵、周作人、沈尹默、陶孟和等都吸收进了编辑部。自 1918 年第四卷起，《新青年》所有撰译，均由编辑部同人共同担任，每一期稿件采取集体讨论制度。从第五卷第一号开始，改由陈独秀、钱玄同、刘半农、高一涵、胡适、李大钊、沈尹默等轮流主编。

　　《新青年》第五卷第五号由李大钊负责主编，为"马克思研究专号"，刊登了一批宣传马克思主义的文章，引起了胡适的不满，两人发生了"问题与主义"之争。因此，从第七卷开始，《新青年》重新改由陈独秀主编。1920 年 2 月，陈独秀离京赴沪，《新青年》的编辑事务也随之移至上海，编辑部设在陈的寓所上海法租界环龙路渔阳里 2 号。4 月 26 日，七卷六号即"劳动节专号"出版前夕，陈独秀给 12 位北京编辑同人写信，征求他们对于编辑问题的看法："（一）由在京诸人轮流担任；（二）由在京一人担任；（三）由弟在沪担任。"请他们尽快回复。

　　5 月 7 日，陈独秀又给李大钊和胡适二人写了一封信。随后，陈独秀多次致函各位编辑同人，均就《新青年》编辑问题征求意见，力图维护新文化阵营的团结。

此时，陈独秀正在上海筹备成立共产党组织，他的思想已由一个民主主义者转到马克思主义立场上。作为《新青年》负责人，他既要负责每期稿件编辑，又要负责刊物出版发行，编辑群体实际上已经分裂，稿源不济，出版发行工作也出现问题，势必另起炉灶。《新青年》这样一个有着广泛影响的思想舆论阵地，陈独秀是不可能放弃的，所以他在写给北京同人的信中既维持着战友情谊，又坚持着自己的独立主张。尺素鸿雁，纸墨之间，难掩无奈与遗憾。

从 1920 年 9 月八卷一号开始，《新青年》实际上已成为中共上海发起组的机关刊物。上海发起组成员李汉俊、陈望道、沈雁冰、袁振英等先后加入编辑部，解除了原与上海群益书社的关系，成立新青年社，独立自办印刷发行，并辟了"俄罗斯研究"专栏。陈独秀公开发表《谈政治》，宣传马克思主义，《新青年》成为中共理论刊物，直至 1926 年 7 月停刊。

陈独秀等致胡适的信札曾长期保存在胡适家中，胡适去世后，由其子胡祖望及儿媳曾淑昭保存。2009 年初春，中国嘉德拍卖公司从居住在华盛顿的曾淑昭家里征集到这批书信，计划在当年 5 月份举行的春季拍卖会上公开拍卖。拍卖前，这批书信曾在北大图书馆和国际饭店进行展出，多位文物及党史专家看后，均认定为真品，是一批文物价值和史料价值俱珍的重要历史文献。

书信文物的价值一般从三个方面判断：通信双方的知名度，书信的内容是否涉及重大事件，书法是否优美。就这批书信而言，通信者是新文化运动的风云人物，内容涉及《新青年》办刊思路的分歧，而这正是李大钊、陈独秀等人向马克思主义者转变的过程，对于研究新文化运动史、早期马克思主义传播史和中国共产党建党史都是不可多得的重要史料。陈独秀的书法功底深厚，他的信札法度谨严又朴素洒脱，具有一定艺术性。因此，此批信札一经露面，立即引起各界的广泛关注。

2009年5月30日上午，13封"陈独秀等致胡适信札"被打包集中拍卖，经过数轮激烈竞争，最终被北京的一位资深收藏家竞买成功。中国人民大学立即与国家文物局协商，拟利用国家文物优先购买的相关规定，征集这批信札，征集资金由两位校友捐赠。经过各方紧张工作，6月5日，国家文物局向嘉德拍卖公司发出《关于优先购买"陈独秀等致胡适信札"的函》，决定对拍品按照成交价行使国家优先购买权。此举是国家文物主管部门依据《文物保护法》规定首次实施"文物优先购买权"，被认为具有里程碑意义。7月27日，国家文物局把这批珍贵信札整体交付中国人民大学博物馆收藏。

已经完好保存近90年的信札终于回到了它的发生地，静静地向人们讲述那一段难忘的岁月。

《人民日报》2021年10月12日

杨靖宇信件档案里的抗日宣言

/ 韩　冬

　　2025 年是中国人民抗日战争暨世界反法西斯战争胜利 80 周年，也是东北抗日联军主要创建者和领导人之一杨靖宇诞辰 120 周年、殉国 85 周年。2025 年 2 月，吉林省档案馆新公布了一封日文译文杨靖宇信件档案。这份信件档案出自吉林省档案馆藏日本关东宪兵队司令部全宗，对杨靖宇和东北抗联史的研究具有重要的史料价值。

　　1937 年 10 月，东北抗联第一路军第三师与日伪军警发生战斗。敌人在我方牺牲人员身上搜到杨靖宇手书信件。随后，这封信被译为日文，存档在日本关东宪兵队司令部。这是时任东北抗联第一路军总司令杨靖宇写给第一路军第三师的信件，虽未注明具体时间，但从"响应中日大战"等词句来看，应写于"七七事变"后不久。

　　1937 年 7 月 7 日，日本帝国主义制造卢沟桥事变（又称七七事变），发动了全面侵华战争。7月8日，中国共产党中央委员会向全国发出《中国共产党为日军进攻卢沟桥通电》，呼吁："平津危急！华北危急！中华民族危急！只有全民族实行抗战，才是我们的出路！"之后，中共中央采取一系列实际措施，促进全民族联合抗日。杨靖宇敏锐意识到"中日大战"的形势转变，在东北地区首先发布抗日宣言、布告等，最早率部主动出击。7月25日，他以东北抗联第一路军总司令部、全体将士名义，发表了《为响应中日大战告东北同胞书》，指出东北全体同胞应本着"天下兴亡，匹夫有责"的原则，乘机崛起，为"恢复中国人之东北"而战。8月20日，又发布《东北抗日联军第一路军总司令布告》，以及《为响应中日大战告满军同胞书》，号召伪满军"马上哗变，一致携手，夹攻日寇"。

此次公布的杨靖宇信件译文档案，是对这段历史资料的重要补充。在该信件中，杨靖宇动员"各有志者要从速整装部队！""游击队各抗日武装！要从速联合起来"，钳制日本关东军入关，与关内抗战相呼应。在此号召下，东北抗联第一路军频繁出击，有力地配合了全国的抗日战争。此外，从"关于今后的新方针已经商议妥当，并形成文件进行通知"等词句来看，杨靖宇审时度势，迅速调整战略战术，对东北抗联第一路军进一步作战纲领进行了最新部署，发挥了抗联领导人的重要作用。该信件档案中提到的"远征作战"，反映的就是杨靖宇于1937年7月中旬，率部从桓仁出发奔赴清原（今辽宁省清原满族自治县）作战，借此扩大东北抗日联军的声威和政治影响的艰辛历程。也正是在这一战之后，杨靖宇在清原县沙河子同第三师会合，听取了第三师负责同志关于西征后部队恢复情况的报告，具体研究部署了第三师 1937 年下半年的活动计划和工作安排。

此份信件档案字数虽少，却再现了杨靖宇英勇斗争、无畏牺牲的革命精神和审时度势、高瞻远瞩的战略思维。作为孤悬敌后的抗日武装，东北抗联第一路军此时已突破地域局限，将自身定位为全民族抗战的重要战略支点，生动地展现了东北抗联在全面抗战爆发后的战略觉醒与全局意识。此外，从信件中"对于今后的种种实际问题，直接依靠第三师周政治委员和刘（柳）主任"等词句来看，东北抗联在异常艰苦的斗争环境下，始终坚持党对军队的领导，这是东北抗联坚持长期奋战的一条基本经验。

杨靖宇签署发布的这些文告、檄文，表明东北抗日联军为驱逐日本帝国主义而血战到底的坚强决心。当杨靖宇在零下 40 摄氏度的严寒中战斗到生命最后一刻时，他用实际行动践行了信中"神圣的民族革命"的誓言。这种抗战必胜的坚定信念和啃冰嚼絮的绝地坚守，正是中国人民坚持抗战并取得最终胜利的重要精神支柱。

《人民日报》2025 年 4 月 5 日

英雄之爱

/ 沙　峰

今年是中国人民抗日战争暨世界反法西斯战争胜利 80 周年，也是我姥爷左权诞辰 120 周年。在这么有纪念意义的时间，接到人民日报的约稿，我思索良久，决定动手写写一直不敢写的姥爷家书这一题材。因为家书中的情感太深，内容太丰富，它也是宝贵的抗战史料。

据我所知，我的姥爷左权一共留存下来 14 封家书。第一封是 1930 年姥爷在离开上海前往闽西苏区工作前写给自己大哥毓麟的；第二封是 1937 年 9 月 18 日姥爷在山西稷山县写给自己叔父左铭三的；第三封是 1937 年 12 月 3 日姥爷在山西洪洞县写给自己母亲的。还有 11 封信是在 1940 年 11 月 12 日至 1942 年 5 月 22 日期间写给我的姥姥刘志兰的（本写了 12 封，但有一封在传递途中遗失了）。

第一封信我在 2005 年当代中国出版社出版的《左权传》中

看到这样一段话"我虽回国，却恐十年不能还家，老母赡养，托于长兄，我将全力贡献革命。"仅此而已，原件不知所在，很是可惜！第二封给他叔父的信，仅在我母亲左太北编辑出版的《左权家书》中读到全文，也没有看到信的原件。第三封写给太姥姥的信，我看到过原件照片。

前三封信中，姥爷都是在向家人讲国家被日本侵略者侵占和残害的情况。在写给太姥姥的信中有这样一段话非常有代表性：

亡国奴的确不好当，在被日寇占领的区域内，日本人大肆屠杀，奸淫掳抢，烧房子……等等，实在痛心。有些地方全村男女老幼全部杀光，所谓集体屠杀，有些捉来活埋活烧。

日寇不仅要亡我之国，并要灭我之种，亡国灭种惨祸，已临到每一个中国人民的头上。

这触目惊心的话语，讲的是民族已经陷于危亡的境地。

他还写道：

我军在西北的战场上，不仅取得光荣的战绩，山西的民众，整个华北的民众，对我军极表好感。他们都唤着"八路军是我们的救星"。

我军将士，都有一个决心，为了民族国家的利益，过去没有一个铜板，现在仍然是没有一个铜板，准备将来也不要一个铜板，过去吃过草，准备还吃草。

字字句句都表现出为求得民族的解放，姥爷和全体八路军将士将不惜牺牲一切去战斗。我觉得姥爷在向家人表明，自己所做的事情是拯救民族的大业，是必须为之付出一切的事业，故无法回家孝敬长辈，望得到家人的理解。

前三封信中姥爷讲了他坚定的信念和为之付出一切的决心。而姥爷写给姥姥的 11 封信内容更加丰富了，也让我们一家人真正感受到了姥爷的铁骨柔情！

我的姥爷左权 1942 年 5 月 25 日在指挥北方局和八路军总部突围转移时，不幸被日军炮弹弹片击中头部壮烈殉国。牺牲时年仅 37 岁。那一天离我母亲 2 岁生日只差两天。而我的母亲在自己父亲身边也只有短短的 3 个月的时间，那时她还是不足百天的婴儿。作为后代，我们一开始对于姥爷的了解只有文字资料和前辈的讲述。这些内容仅限于姥爷的工作、生平和人们对他的印象。我们知道的左权，是枪杆子、笔杆子都硬的将才，是为保护别人而牺牲自己的英雄，是八路军在抗战中牺牲的最高将领。这与其他人了解的左权没有什么区别。唯一的不同就是，我们作为左权后代那无比的自豪感。直到 1982 年 5 月，我的姥姥把失而复得的姥爷的 11 封亲笔家书寄给我母亲，母亲才第一次从家书中看到了自己父亲的话语，第一次真正感受到了父爱是怎样的。

姥爷不仅是民族的英雄，更是我的亲人。说到姥爷的爱，一位将军的爱，是很多人都很感兴趣的，也是很多人想象不到的。在姥爷的家书中对妻子的爱情、对女儿的亲情展现得淋漓尽致：

看到太北的像片（寄来的像片收到了）及你对太北的描写，那样活泼可爱的孩子，更增加了我的想念。时刻想着如果有你及太北和我在一块，能够听到太北叫爸爸妈妈的亲恳声音，能够牵着她走走，抱着她玩玩，闹着她笑，打着她哭一哭，真是太快乐了。可是我的最亲爱的人恰在千里之外，空想一顿以后，只得把像片摆出来一一的望着。对于太北，由于有妈妈妥善的抚养，是很幸福的，做爸爸的也占（沾）了光，但也决不会忘记。

志兰！亲爱的，你走后我常感生活孤单，常望着有安慰的人在，你当同感。常有同志对我说，把刘志兰接回来吧。我也很同意这些同志的好意，有时竟想提议你能早些返前方，但一念及你求智欲之高，向上心之强，总想求进步，这是每个共产党员应有的态度，为不延误你这些，又不得不把我的望之切念之殷情打消忍耐着。

这些话字里行间充满了姥爷对妻女无尽的思念，同时他还想着怎么能为妻女做得更多些。为了能够知道妻女的情况，只要有同志从八路军总部去延安，姥爷就托其带上一封信，有时还有战斗胜利后缴获的糖果饼干，姥爷精心挑选的花布和他的津贴及发表文章的稿费。这些思念至深的话、关心至切的情怎能不打动作为家人的我。有时幻想着，如果姥爷能摸着我的头让我叫他一声姥爷，那该有多幸福啊！

这些信中不只有对家人的思念与关心，还记录了很多抗战前线的情况和日本侵略者的暴行。总会有人问起，在所有的家书中让我印象最深的是哪一封。我的回答都是最后一封。

最后一封信写于 1942 年 5 月 22 日晚，第二天凌晨姥爷就和彭德怀副总司令一起指挥八路军总部转移了。25 日，姥爷牺牲在了十字岭。

志兰！亲爱的，别时容易见时难，分离廿一个月了，何日相聚，念念、念念。

这次的思念似乎更加深切。四个"念"字打破了人们习惯的三个字，似乎他还想写更多的"念"，但也表达不尽他对家人的思念。他幻想着一家三口团聚的景象，这不正是他日思夜想的美好生活吗！但是他在信中还写了这样一段话：

重复说，我虽如此爱太北，但如时局有变，你可大胆的按情况处理太北的问题，不必顾及我。

这又是什么意思？因为，之前姥姥曾发电报给姥爷，询问他如时局有变该如何处理女儿的问题。姥爷告诉姥姥可以把女儿寄养到老百姓家里。尽管他知道这可能意味着永远失去女儿。但他在最后一封信中仍然叮嘱姥姥可以这样做。为的就是不要影响工作，以完成民族解放大业。舍弃小家为了大家，这不就是无数走上抗战前线的将士们的选择吗！

在我看来，这封信就像一份遗书。姥爷知道当时面临的危险，他已经做好了所有的心理准备。在他用全部情感去想象着美好生活的同时，他也做出了最坚决的牺牲。

对于姥爷家书中的文字，不用我更多地分析和讲述，我想每一位看到这些内容的人都能感受到他的爱与他的恨，懂得他为民族解放不惜牺牲一切的那份坚守！正是姥爷的这份爱让我懂得了作为家人的责任：传承他的精神，传承八路军精神的责任。我将用我后半生的精力把这种精神讲述给更多的人，让人们了解走上抗战前线的将士们是什么样的人，懂得他们的精神，并用这种精神给予人们力量，共同为民族的复兴、国家的富强做出一份贡献。

《人民日报》2025 年 4 月 16 日

我们都是收信人

/阿 成

正是故乡张广才岭山花烂漫的时节。春风如信使，把故乡的呼唤送到我的耳畔。无论如何该回去看一看了，吃一吃家乡的土菜，和乡亲们一起唠唠嗑。但是，此行顶顶重要的，是到赵一曼烈士的纪念碑前献上一簇春花。

九一八事变后，赵一曼受党组织的委派，前往东北地区组织发动抗日斗争，她曾任东北人民革命军（后与其他抗日武装整合为东北抗日联军）第三军二团政委，并先后任满洲总工会秘书、组织部部长、中共滨江省珠河县中心县委特派员、铁北区委书记。在东北大地，赵一曼领导的抗日队伍爬冰卧雪，风餐露宿，为"逐日寇，复东北"艰难地浴血奋战。最后，这位战功赫赫的抗联战士，为中华民族的解放、人民的幸福，献出了自己年轻的生命。

赵一曼曾任珠河县中心县委特派员，珠河县即我家乡、今天的黑龙江尚志市。几十年来，赵一曼的英雄事迹一直在尚志，在张广才岭、蚂蚁河畔流传。在与日寇抗争的岁月里，我家乡的父老乡亲已然把满口纯正东北嗑儿的赵一曼，视为土生土长的乡亲，看作是自己的亲闺女、大姐、老妹儿了。在抗联队伍中，战士们则亲切地称她"瘦李""李姐"（赵一曼原名李坤泰，又名李一超）"我们的女政委"。这是一位让日寇恨之入骨又闻风丧胆的女英雄。

记得学生时代，我曾在哈尔滨有轨电车场勤工俭学、做义务售票员。在这期间我又了解到，抗日战争时期，赵一曼在这里组织了轰动全国的有轨电车工人大罢工。为了启发工人和妇女觉悟，她还亲自创作了大量的文艺作品在地下刊物上发表。她以笔为号，激发每一个有良知的中国人的爱国热情和抗日决心。

后来，为了创作小说《赵一曼女士》，我专门去了关押过赵一曼的"哈尔滨东北烈士纪念馆"做实地考察。东北沦陷时期，这里曾被日寇霸占为伪满哈尔滨警察厅，北面的坡下则是早年的中东铁路线。在一次与日寇殊死的战斗中，赵一曼不幸受伤、被捕，就关押在这里。

在《赵一曼女士》中，我这样写道："在审讯赵一曼女士的时候，他（大野泰治）不断地用鞭子把儿捅她手腕上的伤口，是一点一点地往里拧，并用皮鞋踢她的腹部、乳房和脸。一共搞了两个多小时。大野泰治没有获得有价值的回答。他恨这个女人，觉得很没面子，伤了作为一个日本军人的自尊。"我为什么写得如此冷静，又为什么将这篇文学作品起名为《赵一曼女士》呢？

作品发表以后，有不少朋友和读者经常问我这个问题。坦率地说，我觉得有的人对"英雄"还缺乏深刻的理解，甚至肤浅地认为那不过是一个"形容词"。正是基于这样的感知，我决定在作品当中采用客观的叙述和毫无渲染的笔法，让读者看一看，在日寇严刑拷打之下的抗联战士赵一曼，是不是一位宁死不屈的巾帼英雄，是不是一名伟大的共产党员！

"出门不顾后，报国死何难。"此时的赵一曼一定早已将生死置之度外。但是在沉沉的黑夜，当她听到火车隆隆驶过的声音和刺耳的汽笛声时，作为一位曾经骑着白马驰骋疆场与日寇拼杀的女政委，她的思绪一定又回到了她战斗过的地方，回到了她远在四川的故乡。"一寸丹心图报国，两行清泪为思亲。"是啊，身陷囹圄的赵一曼无时无刻不在怀念自己的战友，想念远在千里之外的亲人和她的孩子宁儿。

面对赵一曼的坚贞不屈，日寇最终将她押解至珠河县杀害。在慷慨就义的途中，赵一曼写下给孩子宁儿的信——

宁儿！

母亲对于你没有能尽到教育的责任，实在是遗憾的事情。

母亲因为坚决地做了反满抗日的斗争，今天已经到了牺牲的前夕了。

母亲和你在生前是永久没有再见的机会了。希望你，宁儿呵，赶快成人，来安慰你地下的母亲！我最亲爱的孩子呵！母亲不用千言万语来教育你，就用实（际）行（动）来教育你。

在你长大成人之后，希望不要忘记你的母亲是为国而牺牲的！

一九三六年八月二日

你的母亲赵一曼于（囚）车中

自古以来，书信是传递亲情、友情、爱情的重要方式。只是，在天地之间，人们却绝少看到一位临刑前的母亲写给自己儿子的家书。我常想，我们能简单地认为这仅仅是一个母亲写给自己儿子的信吗？不，这分明是在用血脉传递着英烈嘱托的红色家书！

多年前的一个漆黑雪夜，我来到了赵一曼的被害地。万籁俱寂，雪落无声。赵一曼就是在这个不足几平方米的雪地上被日寇杀害的，时年只有31岁。雪夜中，在英雄的墓碑前，我仰望漫天飘洒的大雪，怀着无比崇敬的心情，恭敬地给这位女英雄深深地鞠了三躬……

又到春日。张广才岭漫山遍野的山花，把故乡装点得那样美丽、那样醉人。迂回山径之中，我采来山岭之间最艳丽的山花，放在赵一曼的纪念碑前。

"誓志为国不为家，涉江渡海走天涯。男儿岂是全都好，女子缘何分外差？未惜头颅新故国，甘将热血沃中华。白山黑水除敌寇，笑看旌旗红似花。"我想起赵一曼烈士生前写的那首《滨江述怀》，多么英勇，多么豪迈！又想到郭沫若先生讴歌赵一曼烈士的那首诗："蜀中巾帼富英雄，石柱犹存良玉踪。四海今歌赵一曼，万民永忆女先锋。青春换得江山壮，碧血染将天地红。东北西南齐仰首，珠河亿载漾东风。"人们永远不会忘记英雄赵一曼。

我的脑海里，浮现出年轻的母亲赵一曼怀抱孩子宁儿的那张照片。那一年，在广州"黄埔军校旧址纪念馆"赵一曼的展板前，我看到了这张照片。仰头凝视，赵一曼清秀的面孔、坚毅坦荡的眼神给我留下深刻的印象，从中，我似乎读到了她"所愿除国难，再逢天下平"的坚强革命意志，一种无以言表的敬仰瞬间涌上心头。

又在心中默念起赵一曼写给儿子宁儿的那封信。一切是那么庄严肃穆，我禁不住在纪念碑前高声诵读："母亲不用千言万语来教育你，就用实（际）行（动）来教育你。在你长大成人之后，希望不要忘记你的母亲是为国而牺牲的！"

今年，是中国人民抗日战争暨世界反法西斯战争胜利 80 周年，距离这封信写下的日子，也已经过去了近 90 年。这岂止是一封红色家书，更是写给所有中华儿女的一封信啊！今天，这位勇敢的母亲、伟大的抗日民族英雄的信，仍传递在祖国壮丽的山河中——请记住，我们每一个人都是收信人。

《人民日报》2025 年 4 月 30 日

匹夫之捐，匹妇之责

/ 陈继明

侨批的雏形最早可追溯至明末清初。随着下南洋（包括南美）的人日渐增多，"水客"应运而生。往返于番外和家乡之间，替华侨运送家书、钱银（合称侨批），水上来水上去，故称"水客"。潮汕人另有两个词："讨水"或"讨海"。大意是，在水上（海上）讨生活的人。一个"讨"字道尽了水客的艰辛和不易。

到了19世纪中后期，专业化的"批局"正式形成，潮汕、闽南等地批局林立，侨批的收寄和解付由一开始的单枪匹马（水客时代），发展为成熟的侨批业，运营体系日趋完整，成为一门炙手可热的大生意，一直延续到新中国成立后。

潮汕地区人多地少，据统计，20世纪30年代，半数左右的家庭依赖批银生活，故有"食番批"之说。批银用于养家糊口，这是它的首要功能。但是，侨批始终悄悄承担着另一种任务：孙中山的海外筹款，以及修桥铺路、兴办学校的善款，也常常用侨批的方式寄回国内。抗战爆发后，侨批更是担起了救亡图存的角色。

存亡继绝之际，许多华侨都曾以"匹夫之捐"尽过微薄之力。每一封侨批，无论数额大小，都自觉同意抽出 2% 作为个人捐款，由批局在受理时代收。凡是捐过款的，批封上就会盖一个"批捐"的小印章。潮汕会馆在第一时间成立了"筹赈祖国难民总会"，所筹款项，除了救济难民，也用于抗日救亡的一切方面，包括军饷。有些直接用于购置军需物资，如枪支弹药、医疗器具等，进入汕头，再运往各地。抗战前期，天津、上海、广州等大港口纷纷沦陷，汕头成为国内唯一可用的港口。

没多久汕头港也被日军占领，水路完全被堵死。但个人批银、抗战捐款以及实物捐助，并没有真正停止，而是以秘密方式流进国内。

因为，批脚们（收批人，送批人）用自己的双脚走出了另一条路：从泰国直接北上，经过缅甸、老挝之间的漫长交界地带，再到越南，从越南的芒街进入中国广东的东兴镇（后划归广西），由东兴中转后流向潮汕、闽南等地。

东兴镇随之兴旺起来，一些批局、银行、邮政局纷纷在这里设立办事机构，让这个边陲小镇一时成为颇为国际化的金融中心。

这条隐蔽通道长达 3000 多公里，到了越南芒街才算走了一半，另一半同样险象环生，东兴、钦州、南宁、韶关、兴宁、揭阳，批脚们全程以步行为主，有些路段是敌占区，需要武装保护，日夜兼程，耗时几个月才能抵达。

为了准备长篇小说《平安批》的写作，我曾在潮汕生活过一年，也曾多次前往泰国、新加坡、马来西亚，访问过很多华侨后代。据不完全统计，抗战期间，东南亚华侨前后捐资超过50亿法币，很多人家宁愿掏空家底，也要支持抗战，满门忠烈者数不胜数。有人把个人的数十万法币遗产全部捐给抗战，有人用准备给母亲祝寿的钱购买棉衣和药品，寄回国内。

泰国潮籍华侨许泽溥在写给妻子蔡纯良的信中说：

自别家园，倏忽五载。今烽火连天，山河破碎，男儿本当执戈卫国，然羁旅暹罗，商贾为业，虽有报国之志，恨无双翼可越重洋。每念及此，中夜辗转，愧怍难眠。汝素明大义，当知天下兴亡，匹夫有责。今夫既难归，愿吾妻代行匹妇之责。

蔡纯良后来真的去专门学校学习护理和制衣技术，加入汕头妇女抗敌后援会，成为带头人，积极组织战地医疗队、缝制军用棉衣、设立施粥点（救济难民）等。许泽溥蔡纯良夫妇的事迹在新中国成立后被改编为潮剧，名为《匹妇之责》。

许泽溥给友人"珊兄"的信中又说：

弟漂泊天涯，衣食奔走，值兹国难方殷，男儿报国之秋，为因家累，未克许身报国，中夜深思，于身有愧，然七尺之躯，何甘长此雌伏……

新加坡华侨陈守义在信中要求妻子：

节省家用，月捐三元助军。

菲律宾华侨则在信中嘱托女儿：

辍学任教，以薪俸半数为伤兵购药。

拙作《平安批》中，东兴汇路的发现者是郑梦梅父子，这两个小说人物参照了很多真人真事。其中最令人难忘的，是越南华侨黄阿贵和陈水生运送金条的故事。两人各背着 20 根金条（俗称小金鱼，每根 10 两），藏在特制的牛皮腰带内，再背上一筐香菇，扮作山货商，从越南出发，徒步前往潮汕揭阳。好不容易到了潮汕境内，却遭遇暴雨和山洪，木桥断裂，二人坠入水中。陈水生不知去向，黄阿贵上岸后，在岸边找到了陈水生的腰带，只剩 7 根金条。

丢失的 13 根金条就一直记在黄阿贵账上，从他后来的工资中扣除。揭阳万兴昌批局 1943 年的账册中有"失金十三根，记黄阿贵账"的批注，便是证明。1946 年后批局曾组织潜水队在陈水生遇难处下河搜寻，真的找到了 5 根金条。东兴镇一位民间收藏家保存着黄阿贵的腰带，内绣八个字：宁丢性命，不辱批银。

类似的故事，侨批界还有很多。总之，在他们看来，能否把每一封批银安全送到侨眷手里，是攸关性命的事情。如果有一封沉批还在批脚手上，批脚就会寝食难安，无法释怀，甚至死不瞑目。抗战捐款就更是如此。正是在这个意义上，侨批光荣地入选"世界记忆名录"。

《人民日报》2025 年 5 月 12 日

"战士自有战士的爱情"

/ 白　烨

在中国人民抗日战争暨世界反法西斯战争胜利 80 周年之际，重读抗战家书，重温革命志士在一封封家书中寄寓的家国情怀、记述的难忘历史，既是对于革命先辈的深切缅怀，也是接受革命精神的深刻洗礼。

在众多的抗战家书中，彭雪枫于 1942 年 12 月 3 日写给妻子林颖的信，十分特别。80 多年过去了，今天重读这封家书，仍让人有非同寻常的感受。

时任新四军第四师师长兼政委的彭雪枫，在艰难困苦之中领导根据地军民同日伪军进行艰苦斗争，巩固和发展了淮北的抗日根据地。1942 年 11 月至 12 月中旬，日伪军集中了 7000 多人的兵力在淮北进行"大扫荡"，妄图歼灭我新四军第四师主力。彭雪枫率领部队灵活运动，摆脱合围，相机反攻，逐个击破，赢得了这场反"扫荡"的胜利。彭雪枫的这封家书，便写于反"扫荡"斗争胜利的前夕。

这封信共有 11 个自然段，前 3 个自然段主要讲述我根据地军民反"扫荡"的战斗经过与战场缴获。彭雪枫在信中详细叙述道：

……首先组织了十一旅的部队，猛袭马公店，一日之夜以一个营兵力袭入马公店，全部鬼子两个中队密集于一个院子里，我英勇战士猛掷手榴弹一百余枚，并以机枪交叉扫射，杀伤鬼子六十余名，实在痛快！冲出来的鬼子，首先是那个机关枪手，被我们一把抱住，先夺过了新的三八式轻机枪，再摘下了钢盔，意图生擒，他坚决不走，终于结果了他。这一仗给敌人打击最大，老百姓轰传得也越发厉害，都说新四军的计策高妙，打仗能干。老百姓总喜欢夸张事实，无论是敌情也好，胜利也好。军区特务营二十六日攻入泗阳屠圆圩伪绥靖军两个团的司令部，毙敌一百余名，俘虏十余，缴获步枪九枝，黄大衣多件。这又对伪军是个更大的威胁……就是这样在不断的战斗中，部队的信心提高了，敌人的士气低落了，而且定为一个月的扫荡期，也将到了。据两日来的情报判断，敌似有西撤模样。又说本日青阳方向大火，大概要滚蛋了吧！不过对敌今后之不断地给我们以苦痛的事实，无论如何是不应忽视的。

在反"扫荡"斗争的过程和几场战斗经过的叙述中，指挥员的指挥若定和随机应变，战士们的骁勇善战与坚强果敢，以及歼敌与缴获的状况，百姓的反应和战斗的影响等，都有简明扼要的描述。字里行间渗透着反"扫荡"即将取得最后胜利的喜悦，通篇贯注着抗战必定胜利的坚定信念与乐观精神。

讲述了反"扫荡"斗争的大致经过后，彭雪枫这才询问待产的妻子孩子出生没有，给孩子起什么名字等：

孩子应该生下来了？这是我最关怀的事！假如生产了，不论男孩或女孩，我提议起名字叫"流离"吧！这倒名副其实，一个很妙的纪念！不知道你赞成不？或者你会起一个更好的名字。

在信的第六段，彭雪枫告诉林颖，他已读完《苏联红军战史研究》《译丛补》两本书，正在读高尔基的《母亲》。第六段与第七段分别说到读书的问题、苏联红军大反攻的问题。之后，在每段只有一句的嘱咐话语中，才又谈到他对妻子的关切与思念，虽然话短字少，却情深意长：

明天派人到湖东去，连同上次未发的信，大概可以减少你的一点苦寂吧？好好地保重身体！不要多所忧虑！万千万千！

我仍健朗如常。今天照镜子，较昔略为消瘦些，许是战斗中精神时紧时弛的原故。

…………

如精神许可，希望有长的回信，藉以洞悉你最近的生活和心情。

这封家信的特别之处在于，从它的主要内容构成来看，仿佛是一份"战场简报"或"战地捷报"。彭雪枫是新四军第四师师长兼政委、淮北军区司令员，林颖时任洪泽县妇女部长，他们既是夫妻，又是战友，信的内容以战斗战况为主，既叙述战斗经过，报告战斗成果，又分享战斗喜悦，表达必胜信心，个中充分显示他们二人夫妻兼战友的特殊关系与革命情谊。在这里，火热的战斗与激烈的战事是他们生活的主旋律。给孩子取名、阅读文学作品、期盼妻子回信，只是这个主旋律中的小插曲。但在喜爱读书、盼子降生和企盼回信等方面，仍能见出这个铮铮铁骨的革命斗士内心深处蕴藏的文人的情趣、作为丈夫的挚爱，虽然片言只字，寥寥数语，却也情深意切，令人回味。

彭雪枫的这封写给妻子的信，远远超出了普通家书的意义，实际上成为解读革命夫妻特殊关系的可贵史料，成为了解我党我军抗战历史的重要文献。

彭雪枫于1944年9月11日在河南夏邑八里庄作战时壮烈牺牲，时年37岁。

彭雪枫与林颖结婚之后的3年时间里，因为忙于各自的工作，两人在一起的时光极其有限。不能在一起，彭雪枫就用一种特别的方式表达自己的爱，那就是写家书，用书信来和妻子分享自己身边发生的事情。短短3年时间里，彭雪枫一共给林颖写了87封书信。在林颖紧张的革命工作中，阅读丈夫写给她的这些信件，想必是一天当中最惬意的时刻。由这封写于1942年的信看，彭雪枫写的这些"家书"，应该不少都像这封信一样，主要讲述战斗的经历、分享胜利的喜悦、传授学习的方法、分享读书的快乐，间或表达对于妻子的怀恋，对于家人的思念。这样一种特别的家书，给予人们的感受也是特别的，正如著名诗人郭小川的诗句所说的那样："战士自有战士的爱情，忠贞不渝，新美如画。"

《人民日报》2025 年 5 月 21 日

85年前的"13岁"

/ 王劲松

一封穿越了85年的家书,信纸泛黄,情感真挚,记录了近代史上中国人朴素而沉重的生活,这是我们父辈经历的岁月和他们忍受的苦难与屈辱。

1940年,一个13岁的孩子,为了生活,从华北的土地上,辗转多日去东北"闯关东",讨一口饭吃。"我怎么也想不通,怎么中国人一下子变成了满洲国人了呢?只好顺着。"明明是在自己的国家,却要在半路无奈地办理一张"出国证",路途艰难,一路全要看日本人的脸色,接受各种盘查,拼尽全力地出卖苦力,委屈做人——还只能是最底层被压榨和奴役的下等人。能想象得到吗?在冰冷的街道,在日本兵寒光闪烁的刺刀下,中国人必须对着"膏药旗"脱帽鞠躬,在他们傲慢粗暴的呵斥声中,战战兢兢领取一碗清冷的菜汤和半块发霉的杂粮面饼子。

信中署名"经蔚"的孩子,就是后来的高御臣,一位劳工中的幸存者。2005 年，年近八旬的高御臣来到"抢救民间家书"项目办公室，带来了这封自己写给祖父母的家书。血泪铸就的文字，书写着被战争车轮碾碎的生命尊严。一封家书，记录了当时那个积贫积弱的中国多少家庭的民不聊生、食不果腹，也记录了东北大地上侵略者残暴的掠夺和毫无人性的压榨。

为什么我们的父辈要经受如此磨难？为什么生命和尊严被无情践踏？因为弱国无外交无主权，弱国的百姓没有尊严，弱国的每一个生命都是侵略者眼里的草芥和蝼蚁。

新中国成立后，经过艰苦奋斗，中国已经发生翻天覆地的变化。无论华北还是东北，中国大地的每一个角落，都洋溢着和平安详的温暖气象。

我也曾去过一些国家，走过很多城市，每回都由衷地感慨还是祖国好，我们中国真的好！眼下这么安全富足的和平生活，别说我的父辈祖辈，就在我刚刚工作的时候都是无法想象的。那时的我还在梦想着买辆新自行车，拥有一间属于自己的小屋，或者等有了积蓄，出趟远门，看看好山好水……如今这一切还是问题吗？40 多年改革发展的脚步和速度，远远超越了历史上的几百年。中国，曾在列强的眼里是落后和愚昧的印象，可转眼之间，就以全面崛起的面貌屹立于世界的东方，这一切仅仅用了几十年！

这是多么鲜明的对照，多么深刻的感知！窗外轻拂的嫩绿枝条，超市里货架上琳琅满目的各色商品，草地上孩子们奔跑嬉笑的欢闹，"五一"假期飞驰的高铁内快乐的笑脸，电视里直播着神舟十九号载人飞船返回舱在东风着陆场成功着陆，中国航母和万吨大驱正在南海和台湾海峡劈波斩浪，北京天安门广场上迎风飞扬着鲜艳的五星红旗……今日的中国，13 岁的孩子正坐在明媚的教室里，享受着无忧无虑的幸福时光，对比那封 13 岁的孩子在 85 年前含泪写下的、泛黄变脆的家书，历史并不遥远，历史就在眼前。家书的每一个字，都像刀子一样扎心，它提醒着我们不能忘，这是中国百姓走过来的路。

就算是现在，在这个地球上，也并不是每一个人都能享受到中国这样的安宁环境。局部地区的战争，多少家庭家破人亡。其实我们并非生活在一个和平的地球上，是祖国用自己的力量在弱肉强食的丛林里筑起一道钢铁长城，为我们每一个中国人遮风挡雨。没有一个强大的祖国，就不可能有和平安宁，就不可能有平等和自由，更不可能发展和进步。所以，当我读到这封家书，除了为父辈的经历唏嘘感叹，我更珍惜我们今天的生活，感谢我的国，向每一位为祖国建设作出贡献的人表达自己深深的敬意！

这封来自 85 年前的家书，那个 13 岁的孩子和那一段漫长悲伤的"闯关东"之路，贫苦的中国人求生的艰难，家书里流淌着的百姓辛酸的血泪，已经深深印刻在我的心里。我是一名文艺工作者，我要用作品为这个时代留下光影记忆，用作品记录我们这个民族走过的艰难历程。如果有一天能有机会，我希望把这个故事在荧幕中表现出来，这是我们民族的记忆，这是我们必须告诉后来人的，来时的路。

《人民日报》2025 年 6 月 7 日

听见怦怦作响的心跳

/ 老　藤

我对唐代女诗人陈玉兰的《寄外征衣》印象极深，因为她写的不仅是一首七绝，更是一封言简意赅的家书。"夫戍边关妾在吴，西风吹妾妾忧夫。一行书信千行泪，寒到君边衣到无？"如果说陈玉兰写的是妻子对戍守边关丈夫的思念，那么抗联三路军政委冯仲云写给妻子的家书，则是丈夫对爱情的忠诚。冯仲云给妻子薛雯写信之时，两人已暌隔 12 年，白山黑水中出生入死的冯将军根本无法与家人联系，直到抗战胜利，才发出这封迟来的家书。"只要雯没有违反往日的志愿，没有对不起祖国和组织，那么还是我的妻，我是这样地等待了十二年，我坚信我对雯的忠诚是能得到结果的。"

在通信并不发达的年代，家书，是维系情感最珍贵的纽带，因此它总是与泪相伴。尽管英雄希望妈妈"别用泪水送儿别人间"，但家书总是难免字字浸透泪水，悲喜之泪化成墨，家书一封和泪成。正如古诗中写的一样："握手一长叹，泪为生别滋。"

1940 年 5 月，张自忠率部东渡襄河，挥师与日本侵略军展开激战，张自忠指挥部队击退了日军发动的 9 次冲锋，战斗异常激烈，身先士卒的他身受 8 处弹伤和刺刀伤，最终壮烈牺牲在前线。

事实上，在出征前张自忠就做好了以死报国的思想准备。5 月 1 日，他亲笔写下了著名的《致战友》，向战友们表达了同仇敌忾、为国牺牲的决心。今天，重读这封大义凛然的书信，我们仿佛仍能感受到将军怦怦作响的心跳，能看到热血燃烧的火焰。书信虽短，却字字千钧，撞击着每一个读者的心扉，令人血脉偾张。

一般来说，人在生死关头最牵挂的往往是自己的亲人，尤其对于征战沙场的将士和他们的家眷来说，一封薄薄的家书很可能是亲人最后的嘱托，是生命里程最终的告白，说"家书抵万金"并不夸张。但张自忠将军在牺牲前，并没有给家人留下片言只语，在他看来，冲锋陷阵的战友就是他最亲的、生死与共的家人，给战友们修书一封，就是他最重要的家书。可以说张自忠将军写下的"家书"，是血肉相连的战友书，是抗敌部署的动员书，更是壮烈殉国的宣言书。

是将军不牵挂家人吗？显然不是。张自忠将军的发妻李敏慧 17 岁即与他结婚，夫妻恩爱，家风淳厚，我想，将军一方面是觉得国难大于家事，部署战斗、激励战友，要比写一封家书更重要；另一方面，他也相信自己的爱妻能深明大义，无须再行嘱托。张自忠血洒战场后，年仅50岁的李敏慧像秋瑾烈士写的那样——身不得，男儿列；心却比，男儿烈。她毅然绝食七日而死，夫妻二人合葬于重庆梅花山麓。李敏慧在用壮烈之举表达与丈夫生死相依的同时，也激励着无数战士像丈夫那样奋不顾身去英勇杀敌。

细读这封"家书"，不难梳理出这样几层含义。"只要敌来犯，兄即到河东与弟等共同去牺牲。"这一层是作为集团军总司令兼军长，不会只在后方指挥部发号施令，一定会身先士卒，与战友们并肩作战。"国家到了如此地步，除我等为其死，毫无其他办法。"这一层是表明赴死之心，国难思良将，时艰念贤臣，国家到了生死存亡关头，唯有誓死报国这一个选项，除此毫无其他办法。"更相信只要我等能本此决心，我们的国家及我五千年历史之民族，决不致亡于区区三岛倭奴之手。"这是第三层，目的在于鼓舞士气，也就是说我们今天的牺牲不会白白付出，鲜血会浇灌出胜利之花，胜利最终将属于我们，因为我们有五千年历史的积淀，抗日的烽火一直燃烧在广袤的中华大地上。我们应该有驱除侵略者、战胜敌人的信心。

"为国家民族死之决心，海不清，石不烂，决不半点改变，愿与诸弟共勉之。"最后一层含义在于重申赴死之决心，海不清，石不烂，赴死之心决不半点改变，这句话将爱国之情推向了燃点，相信每个人读到这一句时，心情都不会平静。我们仿佛看着一队队战士，正冒着炮火、踏着血迹冲向敌阵。

在重读这封"家书"时，我想到了辽沈战役塔山阻击战中许英烈士写给妈妈的家书，信中写道："为着母亲的幸福，为着全人类的自由解放我情愿以死杀敌，我的光荣正是母亲的光荣、全家的光荣。"与指挥千军万马的张自忠将军不同，许英只是个部队基层干部，但他们为了民族的独立与解放，为了正义事业不惜赴死的英雄境界却是相同的。我们应该向这些英雄致敬，他们不仅留下了捐躯赴国难的英雄壮举，还留下了这些宝贵的家书，而家书是对历史的另一种书写，它呈现的真实情感和情景再现，更能打动读者，影响后人。

时光照进新时代，世界在巨变，社会在巨变，生活在巨变，但是有一种东西永远不会变，这就是中华民族所崇尚的爱国主义和英烈精神。"天地英雄气，千秋尚凛然"，伟大时代呼唤英雄、造就英雄。英雄辈出，党和人民事业就会兴旺发达、长盛不衰。新时代的中国已经巍然屹立在世界的东方，强国建设、民族复兴其时已至，其势已成，每一个炎黄子孙、有志儿女都应该用英烈精神激励自己，积极投身到民族复兴的伟业中来，在各自的岗位上建功立业。

《人民日报》2025 年 6 月 18 日

重读吉鸿昌家书

/ 李　平

1934 年 11 月 24 日，吉鸿昌将军走到了生命的尽头。他写下一首绝命诗："恨不抗日死，留作今日羞。国破尚如此，我何惜此头！"壮烈牺牲时，他才 39 岁。今天，重读他的这首绝命诗，重读他在走上刑场前几个小时写下的家书，字字都能感受到他对祖国的眷恋、对亲人的牵挂和对抗战胜利的坚定信念！

2025 年是中国人民抗日战争暨世界反法西斯战争胜利 80 周年。回首那段岁月，无数中华儿女奔赴战场，在战火纷飞的年代流血牺牲，在战斗的间隙写下了一封封情深意切的家书。其中，让我印象深刻的就有抗日名将吉鸿昌的家书。

吉鸿昌，生于 1895 年，河南扶沟人，1932 年，他加入中国共产党，并在 1934 年参与组织中国人民反法西斯大同盟。他用实际行动和年轻的生命诠释了对国家、对民族的责任与担当。今天，重读吉鸿昌的家书，字字滚烫！"夫今死矣！是为时代而牺牲。"是的，他是为时代而牺牲的英雄。这些文字穿越历史的长河，依然闪烁着耀眼的光芒。

8年前，24岁的我大学毕业后回到家乡任教。我的家乡黑龙江省安达市任民镇也是烈士的故乡，流传着许多英雄的故事。我选择回到家乡任教，一个重要原因就是希望能将红色精神传承下去。在乡村孩子们琅琅的读书声中，那些朴实、动人的话语仿佛穿越了时空，直击我的心灵，让我感受到源自那段苦难日子最深处的赤诚之心。

吉鸿昌在给妻子的家书中提到："人终有死，我死您也不必过伤悲，因还有儿女得您照应。"他是祖国的战士，也是一位父亲，透过这简单的句子，能感受到他作为父亲的关怀与责任。他深知这一去，就再也回不来了，赴死意味着孩子会失去父亲，但他坚信，自己的牺牲是为了中国更美好的未来。这份儿女亲情、这份家国大义让我动容。

吉鸿昌将家里的余产留作"教养子女等用"，嘱托家人培养子女，让他们成为对社会有用的人。今天，每当我在课堂上教导学生时，总会想起吉鸿昌对教育的重视。这种对后代的期望，也是我们这个时代每一个家庭的共同愿望。

作为一名青年教师，我知道教育的责任。在这个和平年代，青春的热血与理想应该继承，要让孩子们理解历史的分量，感悟先辈们为理想、为国家民族而奋斗的决心。就像吉鸿昌在家书中所说，教育应该让每一个年轻人都能成为国家未来的栋梁。

在课堂上，我常常通过音乐引导孩子们热爱祖国，让爱国主义情怀在他们幼小的心灵中深深扎根。"中华五千年，多少英雄浮现，战火里的容颜，触动心弦，不灭的信念，红船无畏艰险，革命精神永远记心间……"孩子们在唱这些歌曲的同时，在心里悄悄地埋下了爱国的种子，唤醒了对历史的认知。

在家书中，吉鸿昌对于兄弟也满怀信任和期望。"吾弟宜竭力孝敬，不负父兄之托也"，短短几句就传递出对家族传承的期望。我想，在那个特殊的年代，家族不仅是个人情感的寄托，更是抵抗外敌、守护家园的重要力量。兄弟之间相互扶持，共同承担起家庭的重任，这是家族的凝聚力，最终汇聚成了强大的全民族力量，无数家庭在战火中坚守，为抗战胜利贡献一份力量。

在家书中，吉鸿昌对父亲办学校钱款的交代，令人感佩。"款项皆由先父捐助，非先父之私产也，学校款，诸弟不必过问"，他深知教育对于国家和民族是多么重要，即使面临生死关头，依然惦念公益教育事业。这种无私的精神，值得我们每一个青年人学习。在国家危难之际，正是有无数像他这样的人，舍小家为大家，将个人的命运与国家民族的命运紧密相连，挺起了民族的脊梁、国家的尊严。

我的家乡东北曾遭受了日寇侵略的深重苦难，也涌现出无数宁死不屈的抗战英雄，从杨靖宇在冰天雪地里孤身奋战，到赵一曼英勇就义，无不可歌可泣。吉鸿昌的家书，让我更加深刻地理解了祖辈们的坚韧与牺牲，也让我感受到历史赋予我们这一代青年的责任。

前几天给孩子们讲完吉鸿昌家书后，发生了一件很暖心的事情。孩子们打算给解放军叔叔写信，他们围在桌子旁准备礼物，有的用彩笔画和战士们一起升旗的场景，有的从家里装来五谷杂粮，说这是爷爷奶奶留下的种子，带着家乡气息，希望解放军叔叔吃得饱、有力气。一个小女孩还把当时我带她去天安门广场看升国旗时戴的红领巾叠得整整齐齐，说要作为一份特殊的礼物和信一起寄出去。孩子们说："我们听了吉鸿昌爷爷的故事，知道了要保卫祖国。以后也要像解放军叔叔一样，为国家作贡献。"看着他们认真的模样，我的眼眶有些湿润，我觉得，吉鸿昌家书的力量真的传到了孩子们心里。

每一封抗战家书都是一段历史的见证，都是一个民族精神的传承。它们穿越时空，向我们诉说着过去的故事，传递着永恒的精神力量。

《人民日报》2025 年 6 月 23 日

"胜利的日子就快来了"

/ 徐光耀

  2025 年是中国人民抗日战争暨世界反法西斯战争胜利 80 周年，我准备把我珍藏了 80 多年的给父亲的一封信，捐献给中国人民大学家书博物馆。这封信，纸已发黄，字迹稚拙，内容简略，可能还有错别字，但它既饱含了我作为人子的孝道亲情，更有我作为一位战士保家卫国的决心：

父亲：

  您的来信和我姐姐的信一块接到了，使我很兴奋，简直是高兴的（得）不得了。

  听说您现在想开了，吃喝都增加了不少，这是非常好的，这样减去了您的烦愁和忧愁，使身体健康，也使我免去了惦记。

  我的姐姐参加区里工作，更是让我兴奋的事，这就好像我俩站在一条线上打日本一样，您有这样两个儿女，应该是很甘心了，您是多么光荣啊！

您放心，我一定按照您的教育去做，一定好好的（地）学习与工作，一定和每个同志都和气亲爱，绝不辜负您老人家的期望。

爹！您耐心的（地）等着吧！胜利的日子就快来了，今年就可以打败德国，明年就要反攻日本，那时候才是咱们团圆的时候！您不信，我姐姐会告诉您现在形势是多么有利。

我现在一切都好，也很快乐，请放心。

祝身体永远健康，并请

福安。

儿 光耀

10.26

每看到这封信，我总会被拉回那烽火连天的抗战岁月。

我是 1938 年夏天参加的八路军，那年我 13 岁。参加八路军几天后，我们部队从大清河北转移到了大清河南，后来部队离家越来越远。1937 年卢沟桥事变后，尽管战事紧张，但邮政局还在，因此刚参军时还写信给家里报平安。日本侵略者占领我的家乡河北雄县后，我们党的基层抗日政权遭到严重破坏，抗日形势十分严峻，抗日斗争暂时转入地下隐蔽状态，我和家里的通信也自然中断了。

这音信一断就是四五年，家里不知我的死活，我也不知道家里的情况。直到 1944 年 10 月 24 日，我突然接到了姐姐的一封信。

姐姐的信写于 8 月 29 日，在路上走了将近两个月。这已很难得了。这个时候，经过八路军艰苦卓绝的斗争，抗日形势已经发生了巨大转变，敌人的大部分据点已经被我们打掉了，晋察冀抗日根据地连成了一片。当时，八路军内部有专门的通信机构，各分区之间有交通员送公文、报纸，也给战士送家书。姐姐的信就是从十分区辗转送到六分区，然后又送到我手上的。看着姐姐的信，我抑制不住内心的激动，兴奋得发狂，流着眼泪一连看了三遍。10 月 26 日，我就赶紧给姐姐写了回信，同时给父亲也写了一封信。写回信的时候，我又因为兴奋过度，一夜未眠。

从姐姐的信中我知道，当时父亲在思想和行动上都已发生巨大转变，不但支持八路军，还积极做抗日工作。当初我参加八路军时，父亲坚决不答应，我哭闹了七天七夜，后来在姐姐的劝说下，父亲才同意了。我参加八路军后，父亲开始同情八路军，后来又支持八路军，我们家成了八路军的堡垒户。八路军经常在我们家落脚、隐蔽、开会，这时父亲和妹妹就给八路军做饭、缝补衣服、站岗放哨。父亲最爱听战士们坐在炕头上讲八路军在哪里又打了胜仗，什么时候又在白洋淀里开了庆功会，有时也打听儿子的行踪。

支持抗日，父亲是坚决、彻底的。有一次，县委的同志被敌人堵在了村里，在下地道隐蔽之前，父亲把一颗拉出弦来的手榴弹挂在门楣上，鬼子只要拉门，手榴弹就会爆炸。如果鬼子被炸死了，这个家也得房倒屋塌。为了掩护八路军，父亲赌上了身家性命，包括一生节俭盖起来的房子。万幸的是，鬼子没有搜上门来。

抗战胜利后不久，1945 年 11 月，父亲步行几百里，到辛集我们部队的驻地来看我。这是我们父子俩时隔 7 年第一次见面。我参军时个头刚超过八仙桌，再见时，我已高过父亲半头了，这让我很感慨。更让我感慨的是，年近六十的父亲思想进步多了，临走时带回家的居然是《前线歌选》。

我给姐姐的信比给父亲的信长得多，有上千字。实话说，我跟姐姐比跟父亲亲近得多。我 5 岁时母亲就去世了，是只比我大 8 岁的姐姐一手把我拉扯大的，我上学、参军都是因为姐姐的支持才实现。开始父亲是不让我上学的，姐姐说我们一家人这省点那省点，总能省出弟弟上学的钱，这样我才有机会在村里上了 4 年洋学堂。我哭闹着要当八路军时，父亲找姐姐拿主意，姐姐说："这兵荒马乱的，国家都要亡了，一个男孩子在家里就窝囊死了。当了八路军，不但长出息，就是死了，也是为国家而死，还落个好名声。"听了姐姐的话，父亲才同意我参加八路军。

姐姐生于封建时代，是个"小脚女人"，可她不封建，她聪明能干，有理想、有追求、有能力，因此我一直都很佩服姐姐。

让我吃惊的是，几年不见，一个曾经目不识丁的农村妇女居然能够提笔写信了。姐姐的文化全靠自学，平时要打仗，还要生产，姐姐得下怎样的功夫，付出多么艰辛的努力呀。后来听姐姐说，那时她练字经常练到三更半夜，有时甚至都到天亮了，还不觉得呢。

姐姐不甘心做亡国奴，我参加八路军后不久，她就参加了村里的妇救会，后来又当自卫队的队长，带着队员破坏鬼子的公路、电线、通信等。姐姐在村里的抗日工作搞得红红火火，多次受到表扬。给我写信时，她已调到十分区二联县六联区参加工作半年了。

姐姐在信中对我"竟有抗战到底之决心，一心为了保国尽忠"的想法是赞赏和自豪的。现在想来，在国难当头、民族生死存亡之际，无论是我，还是姐姐、父亲，早已在自觉不自觉中把自己、家庭的命运和国家、民族的命运结合在一起了，这是一种非常朴素的家国情怀。再加上1944年，盟军在欧洲战场的节节胜利，我抗日军民也已开始对日伪展开战略反攻，受此鼓舞，在给父亲的信中，我自然就流露出了革命乐观主义精神、抗战必胜信念和朴素的家国情怀。

其实，即使在抗战最艰苦的时候，我和战友们也一直满怀这种精神、信念和情怀。日本侵略者发动"五一大扫荡"，晋察冀抗战形势异常严峻，我和战友们在隐蔽时聊天，大家不止一次说道："如果谁活到胜利那天，把咱们现在的战斗和生活写下来，不定多有意思呢。"

后来，我走上了文学道路，写抗战题材，我是把它当作一种使命和责任的。在《平原烈火》《小兵张嘎》《冷暖灾星》等作品中，革命乐观主义精神、抗战必胜信念和家国情怀是贯穿始终的精神要旨。

我也希望这封家书的革命乐观主义精神、抗战必胜信念和家国情怀，在新时代能够感染与鼓舞更多人为了国家而奋斗。

《人民日报》2025 年 7 月 5 日

多家博物馆推出抗战家书相关展览

重温历史记忆　读懂家国情怀

/李 舫 郑 娜 熊 建

2025年6月，国务院新闻办举行新闻发布会，介绍中国人民抗日战争暨世界反法西斯战争胜利80周年主题展览和推出优秀文艺作品、文艺活动有关情况。中国人民抗日战争纪念馆将推出的主题展览中，专门设置了抗战家书视听空间。展览首次把左权、赵一曼等英烈的家书，转化为可以沉浸式体验的内容，让观众能够更加真切地感受一封封家书中的壮气丹心。

抗战家书是指1931年至1945年14年抗战期间，中国共产党领导的八路军、新四军、东北抗日武装，中国军队正面战场官兵，社会各界民众以及华侨华人等写给家人和亲友的书信。

"在抗战洪流中，既有悲壮的难民流徙，亦有激昂的国民呐喊；既有壮烈的火线厮杀，亦有后方情话、军旅豪情、柴米油盐，所有这一切，都真实地记录在家书中。"中国人民大学家书博物馆副馆长、家书研究中心主任张丁说，"抗战家书代表的是抗战时期的个体记忆，一封封家书汇聚成抗战时期的集体记忆。"

"希望你不要忘记你的母亲是为国而牺牲的"

300多平方米的展厅内，一封封泛黄的信札与老照片，或展陈于玻璃柜内，或悬挂于红色墙面上，组成一条时间长廊，默默诉说着历史风云中的抗战记忆、家国往事。

作为全国首家以家书为主题的博物馆，中国人民大学家书博物馆现藏清初以来的各类家书8万余封，其中包括一批珍贵的抗战家书。"2005年，我们联合中国国家博物馆等单位发起了面向海内外的民间家书征集活动，其中有不少写于抗战期间的家书。截至目前，我们收集到抗战家书200余封。"张丁说。

这些家书格外感人。比如馆藏的一封左权家书，是他壮烈殉国前3天写给爱妻刘志兰的最后一封信。

"想来太北长得更高了，懂得很多事了，她在保育院情形如何？你是否能经常去看她？来信时希多报道太北的一切。在闲游与独坐中，有时总仿佛有你及北北与我在一块玩着、谈着，特别是北北非常调皮，一时在地下、一时爬着妈妈怀里，又由妈妈怀里转到爸爸怀里来闹个不休，真是快乐。"在信中，左权回忆女儿的点点滴滴，舐犊之情，溢于言表。

赵一曼的家书读来同样令人感动。她在就义前给儿子留下这样的话："母亲和你在生前是永久没有再见的机会了。希望你，宁儿呵，赶快成人来安慰你地下的母亲！我最亲爱的孩子呵！母亲不用千言万语来教育你，就用实行来教育你。在你长大成人之后，希望你不要忘记你的母亲是为国而牺牲的！"

"祖国危难的时候，正是青年人奋发效力的时机"

抗战家书中，海外华侨的家书格外引人注目。华侨家书在闽粤侨乡地区又称侨批。面对日寇的侵略，海外华侨儿女第一时间就作出了反应。

曾旅居越南的华侨青年符克，回国后进入陕北公学学习，并加入中国共产党，又被党中央选派到海外从事华侨服务抗战工作。1940年2月21日，他在写给父亲和大哥的信中说："我之自动参加救国工作，不惜牺牲自己生命，为的是尽自己之天职与能力贡献于民族解放之前而已。我相信你们是了解的：国家亡了，我们就要做人家的奴隶了，抗战救国争取胜利，不是少数（人）所能负得起的。"

"华侨同胞普遍生活较为安定，有的家资充裕，本来工作、生活很好，可是他们为了保家卫国，甘愿放弃舒适的生活，投身血与火的战场。"张丁说。

比如马来西亚华侨白雪娇。1939年，在国家危难之际，她瞒着父母，应征南洋华侨机工，成为滇缅公路机工队的一员。回国抗日前，白雪娇留给父母的家书被许多报纸登载，激励无数青年共赴国难。

她在信中写道："亲爱的双亲，此去虽然千山万水……但是，以有用之躯，以有用之时间，消耗于安逸与无谓中，才是更令人哀惜不置的。因为生活就是斗争，尤其是在祖国危难的时候，正是青年人奋发效力的时机。"

"造就一个强健而又智慧的现代青年，来为新中国而努力奋斗"

"在今天，我坚定了铁的意志——打回老家去。再会吧，在前线上，民族已到生死关头，抗战已到紧要时候，怕什么流血，说什么牺牲。朋友，让我们再会吧，在敌人的后方——游击队里。"

这是抗日烈士高传纪写给父亲的信。北京市延庆区平北抗日烈士纪念园的工作人员赶赴山东，从高传纪的妹妹高云手里接过了她珍藏的16封家书。平北抗日烈士纪念园正将这16封家书电子化，等下次改陈布展时公开展示。

5月21日，江苏省南京市委党史办启动了抗战家书征集工作，重点收集中国共产党领导的八路军、新四军、东北抗日武装等爱国将士写给南京地区家人和亲友的信，在南京周边抗战的新四军、其他抗日武装写给家人和亲友的信，南京地区教师、学生、职员、商人等社会各界民众写给家人和亲友的信。

"家书是抗战亲历者当时的记载，属于个人化的史料，记录了作者的所见、所闻、所感，提供了抗战历史的若干细节，为我们回顾、还原、研究那段历史提供了新的视角。"张丁说。

抗战家书的很多作者都在民族危亡的大背景下投身抗日战场，他们是钢铁一样的战士，也有普通人的情感。"他们爱这个国家，也爱自己的亲人，家书里处处体现尊老爱幼、兄弟友爱、夫妻恩爱等中华传统美德。"张丁说，然而，他们为了民族大爱，舍去了小家与个人情感，这种爱国情怀令人敬仰。

1939年，菲律宾华侨王雨亭亲手把16岁的儿子王唯真送回国参加抗战。分别时，王雨亭写下了这样的话："别矣，真儿！但愿你虚心学习，勿忘我平时所教训你的'有恒七分，达观三分'，锻炼你的体魄，充实你的学问，造就一个强健而又智慧的现代青年，来为新中国而努力奋斗！"

在中国人民抗日战争暨世界反法西斯战争胜利80周年之际，重温这些感人至深的抗战家书，感悟历史，汲取力量。

《人民日报》2025年7月7日

一封镌刻在灯柜上的抗战家书

/ 陈　亮

中国人民抗日战争纪念馆藏有一个褐色灯柜，高 80 厘米，顶面 46 厘米见方。灯柜顶面的四角均刻有"福"字，中部已开裂，上面刻着"余奉命出川参加抗日战争，将奔赴前线，希汝等勿忘国难，努力学习，强我中华"，落款是"民国二十六年岁属丁丑八月　傅常"，旁边还刻有"傅常"印章。灯柜门的左上和左下角也刻有"福"字，居中刻有"勿忘国难，努力学习，强我中华"，落款为"傅常"，并刻有"傅常"印章。

这个灯柜是国家一级文物，见证了中国人民抵抗侵略、奔赴国难的悲壮历史。

傅常生于 1887 年，四川潼南（今重庆潼南区）人。1908 年入四川陆军速成学堂，后加入同盟会，参加了广州起义、"二次革命"、护国运动等。1924 年任重庆海关监督，后加入川军刘湘阵营，历任第 21 军参谋长、川康绥靖公署参谋长等。1937 年随刘湘出川抗战，任第七战区司令长官部参谋长，后任重庆行营参谋长等，1947 年于成都病逝。

1937 年，七七事变爆发，刘湘通电请缨，吁请一致抗日。8 月 25 日，刘湘发布《告川康军民书》，号召四川军民全力抗战。9 月 5 日，四川省抗敌后援会在成都市少城公园（今人民公园）举行约万人参加的各界民众欢送出川抗敌将士大会，第一纵队司令兼第 45 军军长邓锡侯在会上发表了慷慨激昂的讲演："川军出川抗战，战而胜，凯旋而归；战如不胜，决心裹尸以还！"

邓锡侯的豪言壮语，使在场的将士热血沸腾，人人振奋。许多出川抗战的官兵都预立遗嘱，誓死报国。傅常也挥笔给妻儿留下家书一封。

傅常出征后，妻子找来工匠，将家书按照丈夫笔体原样镌刻在灯柜上，一是教育后人报效国家，二是为能长久地保存这封家书，让家书随灯柜陪伴自己，陪伴儿女，流传下去。

抗战时期，无数将士像傅常一样，告别家人，毅然奔赴抗日前线。他们用自己对民族的忠诚，用热血和生命，向世人展现了中华民族不畏强暴、勇御外侮的铮铮铁骨。

如今，傅常家书的原件已湮没无寻，刻有家书的灯柜历经磨难保存了下来。灯柜上的文字打动了许多观众，人们默默地伫立在柜子前，有的逐字逐句辨识、轻声念读，有的心中默念、若有所思。"勿忘国难，努力学习，强我中华"这 12 个字，振聋发聩。硝烟已经散去，和平来之不易。先辈们的家国情怀，激励着我们在新时代的征程中，面对困难和挑战，勇于挺身而出，担当起属于自己的责任，不断奋进，为实现中华民族伟大复兴不懈努力。

《人民日报》2025 年 7 月 7 日

八十一年前的来信

/ 邢建军

电话响起，是李秀玲大姐从北京打来的。她是拥军模范、被誉为"子弟兵母亲"的戎冠秀的孙女。李秀玲大姐说，今年是中国人民抗日战争胜利80周年，她想把一则关于奶奶的历史资料发给我。

故事从2006年的一个冬夜说起。家住北京的史庆云整理衣物，准备捐给公益组织。当她拿出一件棉袄时，忽然想起养母说过的话："这棉衣可千万别丢了。"她下意识地抖了一下棉袄，突然，一个泛黄的纸卷从袖筒滚落在地。展开纸卷，里面11个儿童团成员的名字映入眼帘：张荣珍、二肥……墨迹晕染处写着"全死了"，像一串被炮火炸断的风铃。

接下来的几天，史庆云与丈夫在棉袄夹层里陆续取出10余份薄如蝉翼的纸片。当看到纸片上"李素云，八路军情报员，被日军杀害"的字样时，丈夫突然指着证明人那一栏："戎冠秀！

就是你总念叨的'子弟兵母亲'！"

10多年后，史庆云与丈夫珍藏的另一件蓝色军大衣里又发现了新的资料。其中有一份写于1944年、讲述"我"和小云骗过日军递送秘密情报的材料，结尾附着一封寄给后来人的信件。内容大体是：敬爱的老师和同学们，你们要学习小云不怕死，为国家、为党、为人民的精神，等小云长大，要把小云的真事说给全国的老师和同学们，这小云所做的事情是九死一生的。落款处写着"李玉平手写"，并盖有戎冠秀的鲜红手章。虽然字迹潦草，错字较多，但依然让人读懂了革命先辈的血泪嘱托。

追溯着这封信件，时光回到硝烟弥漫的1940年8月。在太行山的一道沟壑中的岩洞里，八路军情报员李玉平发现了从山西逃婚出来、无依无靠的李淑敏。她把李淑敏送到戎冠秀那里，戎冠秀用破棉袄裹住她瑟瑟发抖的肩，为她改名"素云"。一年后，在戎冠秀主持下，李素云和八路军战士李景春喜结连理。此时，素云已经成为八路军的情报员。次年春天，女儿小云出生了。素云用红布把情报缝在女儿的虎头鞋里，襁褓里的女孩成了最特殊的交通员。

1942年盛夏，蝉鸣被枪声撕碎。素云抱着3个月大的小云，穿越紧邻平山县城的王子村时，遇上日军。"半夜三更抱娃走山路，这妮子哭得蹊跷！"他们一遍遍殴打、折磨素云，但她始终什么都不说。鬼子愤怒之下，把小云抛向路边草丛。

后来老乡们说，那天，看见一个女人被拖向河滩，麻绳勒进皮肉的血痕那么刺眼……素云牺牲了，但情报始终藏在女儿鞋底的暗格里。当党组织在草丛里找到奄奄一息的小云时，孩子的哭声已经微弱得像片落叶。

戎冠秀用米汤和着红糖喂大了小云。3 岁那年，小云第一次见到穿军装的父亲，此时父亲已经更名为张士杰。谁能想到，这个也成为情报工作人员的父亲，与女儿见了最后一面后，就因工作需要，与女儿从此天各一方。分别那天，张士杰狠心在纸上写下了"今有子城哥把张义存密保，小名小云，生日，1942 年 4 月 16 日 4 时 46 分，张士杰，史子城，定不面。""定不面"，既是为了让收养小云的夫妇安心，也是为了保护小云身份不被敌人知道。

地下情报员李玉平，是李素云烈士在革命道路上重要的引路人之一。素云牺牲后，她怀着对战友的深情，全心全意地帮助戎冠秀照顾小云。1944 年，她与戎冠秀等同志写下了许多证明材料，讲述素云的牺牲，还有年幼的小云协助递送情报的事迹，更写下了那封跨越时空、饱含深情的信件。因为小云的母亲牺牲，父亲无法寻找，他们只能把这封信写给她的养父母。

小云，就是史庆云。那些旧衣物歪歪扭扭的线迹里，藏着她母亲的热血、父亲的坚强，还有整个民族在烽火中凝结的体温。太行的山风永远记得，1942 年，那个抱着孩子送情报的女人，最后望向荒野的眼神，不是恐惧，而是把生命当作了火炬。

如今，在中国人民解放军档案馆里，那些泛黄的纸片与旧衣静静相对，见证着一个姑娘从逃婚少女到革命烈士的蜕变，也收藏着一个女儿用一生完成的认亲。

当李秀玲大姐带着哽咽，在电话里与我说起这段往事，听筒里传来的每一个颤音都像重锤敲击着心门。

《人民日报》2025 年 7 月 14 日

志士赴国难　家书抵万金

/ 张　丁

20年前的那个春天，我响应费孝通、季羡林、任继愈等一批文化学者的倡议，积极投身抢救民间家书活动。我们在家书博物馆所征集的家书中，发现抗战家书格外耀眼：民族危亡时刻，中国军人、学生、华侨等各阶层民众同仇敌忾，空前团结，家国情怀，催人奋进，每读一遍都泪流满面。此后不论是举办展览，还是编写图书，重读这些沉甸甸的家书，都仿佛回到那山河破碎的岁月，恨不得辞别亲人，整装上马，浴血疆场……

一封封诞生于战火硝烟中的家书，已经过去80多年，缘何还能鲜活如初，感人肺腑？

首先，抗战家书的文本真实，内容可信。家书是家人亲友之间进行信息和情感交流的原始凭证，具有典型的档案属性，是未被雕琢的第一手史料。一封家书，一段历史，每封家书背后都有一个鲜活的人物，同时联结着一个家庭。家书反映的历史真实可信，生动具体。抗战家书反映了抗战 14 年中国人民的所见、所闻、所思、所感，纸墨之间，原汁原味。

"九一八"事变后，日本侵略者侵占我国东北。"热河边境已失去一大块地，中国前途极为危险。"来自四川内江的周平民、周健民兄弟一起参加了"上海青年自愿决死抗日救国团"，两人携手随蒙边骑兵队开赴东北抗日前线。他们联名给父母写信，陈述报国之志。白山黑水间燃起抗日烽火。赵一曼以血肉之躯忍受了敌人惨无人道的折磨，临终前给儿子留下遗言："我最亲爱的孩子呵！母亲不用千言万语来教育你，就用实行来教育你。在你长大成人之后，希望你不要忘记你的母亲是为国而牺牲的！"吉林爱国士绅于登云，因资助东北抗日义勇军被捕，他自知难逃一死，在临刑前留下教子遗书："你年已不小，本拟父子天年，未想半途分别。""国难至此已到最后关头，国将不保，家小焉能存在？"大敌当前，作为丈夫和军人，蔡炳炎选择了为国尽忠，用生命维护了中国军人的尊严。"国家到了如此地步，除我等为其死，毫无其他办法。"枣宜会战，张自忠作为集团军总司令，本可以不必亲率部队出击，但他不顾部下的再三劝阻，坚持由副总司令留守，自己亲率 2000 多人渡河作战，直至战死疆场……捧读家书，作者仿佛就在我们面前，那铿锵的话语、坚强的意志、不屈的精神，时时叩击我们的心灵。

其次，抗战家书的情感真挚，情深动人。家书是带着写信人感情的文字，字里行间蕴含着的绵绵深情处处打动人心。铁汉柔情、父子深情、夫妻爱情和爱国之情凝结在一封封家书中，给人们带来强烈的阅读震撼。在左权将军写给爱妻刘志兰的信中，既有抗战到底的坚强决心，也有作为一个丈夫和父亲的款款深情："在闲游与独坐中，有时总仿佛有你及北北与我在一块玩着、谈着，特别是北北非常调皮，一时在地下，一时爬到妈妈怀里，又由妈妈怀里转到爸爸怀里来，闹个不休，真是快乐。"戴安澜将军写给妻子王荷馨的信中，既有"决以全部牺牲，以报国家养育！为国战死，事极光荣"的战斗豪情，也有"所念者，老母外出，未能侍奉。端公仙逝，未及送葬"的千古遗憾。符克，本是一位家资充裕的华侨青年，甘愿放弃舒适的生活，投身艰苦的抗日战场。他忙于救亡工作，路过家门而不入，写信希望父兄原谅："爸和哥别怀疑和误会吧！我之自动参加救国工作，不惜牺牲自己生命，为的是尽自己之天职与能力贡献于民族解放之前而已。"

一提到抗战将士，人们往往想到的就是铁骨铮铮的英雄形象。其实，这些抗战英雄也是血肉之躯，也是慈祥的父亲、孝顺的儿子、体贴的丈夫和亲近的兄弟。他们在家书中，发自内心地表达了对家人的思念、牵挂和爱。他们把对家人的爱与对祖国的爱结合在一起，面对外敌入侵，挺身而出，捐躯报国。如今，这些带着写信人体温的家书有幸保留下来，使我们能够聆听他们的心跳声，追寻他们的足迹，感受他们无私的家国情怀。

再次，抗战家书的境界高远，精神感人。抗战家书中不仅有家长里短、儿女情长，更重要的是反映了华夏儿女不畏强敌、共赴国难、坚贞不屈的民族精神。家书中有很大一部分出自军人的手笔，有的写于炮火连天的战场上。民族危亡时刻，不论将军，还是士兵，中国军人表现出了应有的血性和民族气节，保家卫国而不惜马革裹尸。他们在走上战场与敌人英勇搏杀的时候，均抱着必死的决心，用行动实现了从军报国的誓言。"儿为伟大而生，光荣而死，是我做儿子最后的心意。"这是新四军战士程雄走上抗日战场前写给父母的辞别书。家书发出3个月后，他就血染沙场。中日第三次长沙会战，褚定侯率全排官兵坚守浏阳河北岸。在即将与日军决战的前夕，他提笔给大哥写了一封长达6页的信，表达了"古来征战几人回"的军人气节。最终全排官兵壮烈殉国，实现了"与阵地共存亡"的遗愿。

司马迁在《报任安书》中说："人固有一死，或重于泰山，或轻于鸿毛。"从此，泰山鸿毛之论作为一种生死观成为千古遗训，有气节的人都会作出自己的选择。外敌入侵，国家有难，匹夫有责。抗战英烈们诀别父母妻儿，走向战场，抒写了一曲曲民族抗战的壮歌。抗日将士的这种气节就是我们的民族精神，也是我们最终赢得抗战胜利的重要原因。

抗战家书作为研究抗战历史的第一手材料，真实记录了当时的社会状况、各阶层人民的心路历程，反映了中华民族的顽强抗争精神。穿越历史硝烟，重读一封封感人肺腑的抗战家书，不仅为了铭记那段不可磨灭的历史记忆，更是为了汲取精神的营养，凝神聚力，开创未来，为早日实现中华民族伟大复兴的中国梦而努力奋斗。

《人民日报》2025年7月23日

墨迹仿佛未干

/ 邓跃东

此刻我身无分文，无法帮助家里，因为我们都是以殉道者的精神为革命、为国家民族服务的。或许有人要说我们是太不聪明了，然而世界上应该有一些像我们这种不聪明的人。请家里不要想将来的生活怎么办，因为中国正在大的变动之中，中国抗战成功不愁无饭吃，抗战不幸失败，则大家都当亡国奴，所以我希望家里在这一方面能够想得远大些，能够原谅我……

这里我来过几次了，人物的事迹也早已知悉，今天又随学习班来参观，看到他留下的三封书信，心里仍感慨万分。穿越浓浓硝烟和漫长时光，那墨迹上仿佛还泛着未干的光泽！

信是袁国平烈士写的，影印件展放在湖南邵阳党史陈列馆里，原件存放在 20 公里外的邵东市袁国平故居。

写信的时间是 1939 年春天。袁国平刚从江宁抗战一线返回新四军军部，收到了难得的家书，是侄儿袁振鹏写来的，多么令人高兴。打开一看，侄儿告知，家里没饭吃了，你是新四军政治部主任，希望迅速救济。

袁国平心里酸楚，家里的情况他很明白。从早年开始，为送他到湖南一师、入黄埔军校、提供革命活动的路费，家里倾尽所有，生活日趋窘迫。如何回复？哥哥、母亲等一大家人，都热切地盼着自己呢。

袁国平的笔是沉重的，苦楚的事实让他不知该如何应对。自从参加南昌起义、投身红军以后，他已经10多年没回家看过亲人了。父亲在他幼年去世，母亲和哥哥苦苦支撑着这个家，还为他四处征战、被官府通缉担惊受怕，好些年他不敢写信回来，怕连累家里。直到国共合作抗日后，袁国平才重新和家里取得联系。

1938年7月，袁国平在给哥哥袁醉如的信中写道："国事如此，愿以最后一滴血贡献于国家民族，家事更不能不仰仗吾兄独立支持。知我如兄，当不见责也……母亲我很挂念，不过有兄奉养，亦甚放心，请劝她不要挂念我们，很好的愉快的生活下去。在我只能以报效国家民族，事实不能不放弃承欢膝下之责了。"那时他已很愧疚，不能为家里拿出一分钱，甚至连赡养母亲的责任都尽不到。只能以愿为国事流尽最后一滴血来弥补家事之憾。他相信哥哥不会怨他。

可是，这次侄儿来信，分明是代表家里抑或就是母亲的期望。母亲饿肚子，自己看着不管吗？据袁国平的侄女袁素民回忆："没有大米，靠吃红薯充饥。没有油，只好用水煮点辣椒下饭。祖母年迈体弱，很难咽下。但是，她爱抚自己的儿子，体谅自己的儿子，从不让家人写信告诉叔叔。"这一次，侄儿偷偷写信来求助，家中实在无策了。

考虑一番后，袁国平觉得母亲是不会怪罪他的。十几年前他就向母亲表达过成仁的愿望，母亲送他读书，就是希望有朝一日能报效国家。

1927 年 5 月，袁国平奉命随军前往鄂西参加战斗。出发前，他给母亲寄去一张照片，并在照片背面写下一封诀别书。

亲爱的母亲：

1927 年 5 月顷，反革命谋袭武汉，形势岌岌，革命志士，莫不愤恨填膺，舍身赴敌。

斯时，余在第十一军政治部服务，也奉命出发鄂西，抗御强寇，此行也，愿拼热血头颅，战死沙场，以博一快，他日儿若成仁取义，以此照为死别之纪念。

万一凯旋生还，异日与阿母重逢，再睹此像，再谈此语，其快乐更当何如耶！

儿醉涵于武昌左旗整装待发之际 1927 年 5 月 25 日。

舐犊情深，生死离别。不知母亲看到后，是如何的揪心。他跟母亲分析形势，表达决心，相信母亲能够理解他。

大约是记起了这件事，袁国平给侄儿的回信磊落坦陈。世界上应该有一些不聪明的人，自己就是其中一个。家中亲友都不要成为太聪明的人，聪明的人太计较、不愿付出，成不了大事。他认为的不聪明，要以殉道者的精神，付诸所追求的事业。

在新四军里，袁国平一直是这样勉励大家的：如果我们有一百颗子弹，要用九十九颗射向敌人，最后一颗留给自己。他自己最后也做到了。1941年初，"皖南事变"负伤突围中，为不拖累队伍，他打完枪里的子弹，把身上留的最后一颗子弹给了自己。这一年，他35岁，儿子袁振威两岁，母亲65岁……

走出党史陈列馆，我的脑海里还想着那封信。甚至设身处地地想，如果自己收到一封这样的求援信，该如何回复，我能不能成为一个不聪明的人！

《人民日报》2025年7月28日

抗战烽火中的家国抒写

/ 李　舫

　　1937 年 7 月 7 日，一个平静的夜晚。卢沟桥畔，日本侵略者的枪声猝然划破沉寂，战火燃遍华夏。"七七事变"从此揭开中华民族全面抗战的序幕。

　　早在 20 世纪二三十年代，日本便制定了总体战略规划，将侵略中国作为基本国策，开始在东北、华北等地不断进行侵略扩张，妄图独占中国。1931 年 9 月 18 日，日本关东军袭击北大营和奉天城（今沈阳），发动"九一八事变"，悍然发动侵华战争。

　　警报如同警钟，在破碎的山河昼夜不息地鸣响——东北危机！华北危机！平津危机！中国危机！

　　一个沉睡的民族在剧痛中惊醒。四万万胸膛里压抑的怒吼，化作黄河咆哮般的抗战宣言——从东北冻土到五指山麓，从太行峭壁到滇西雨林，整个神州大地在刺刀逼迫下迸发出玉石俱焚的决绝。这是五千年文明面对灭顶之灾的终极抗争，是用血肉在焦土上重铸民族魂魄的悲壮史诗。

烽火连三月，家书抵万金。

艰苦卓绝的抗日战争中，数不清的家书穿行于枪林弹雨之间，它们载着恋人的惜别、战友的遗恨、稚子的呢喃、孤老的诀泪、桑梓的凝盼、民族的浩叹，如带伤的鸿雁背负千钧之重，辗转自焦土战场、异国孤旅、动荡后方。这些墨迹斑驳的家书，字里行间烙印着刻骨之爱与切齿之恨，串联起家与国的斑斑血泪。这些家书，每一封都是历史的参与者、战争的目击者，它们以最真实的情感、最朴素的表达，呈现出一个伟大民族于劫难中的勇毅与坚韧。正是这些轻薄的纸片，让我们看到，中华民族何以每每于至暗时刻，仍然保有着复兴的燎原星火。

当我们翻阅历史卷帙，一封特殊的家书令人动容——那是八路军副参谋长左权将军在山西麻田前线指挥部，写给妻子刘志兰的最后一封信。其时，日寇正发动残酷的大"扫荡"，战事异常激烈。在指挥间隙的深夜，铁骨铮铮的将军将对妻女的深情与对革命事业的无限忠诚，凝聚于笔端。这份深情的思念背后，是随时准备为革命牺牲的决然。

令人唏嘘的是，就在这封饱含思念与嘱托的信发出仅仅三天后，1942年5月25日，左权将军在指挥部队掩护中共中央北方局和八路军总部机关突围的战斗中，于十字岭壮烈殉国，年仅37岁。那封寄托着无限深情的家书，竟成了他与妻女的生死诀别。这封未能及时寄达、最终成为遗书的家信，是左权将军一生中写给妻子的最后一封信。它不仅是一位丈夫、父亲对亲人的无尽眷恋，更是一位忠诚的共产主义战士在生死关头，将个人情感深埋心底、以生命践行革命誓言的崇高写照。

苏州河畔硝烟蔽日，四行仓库弹孔如麻。谢晋元展素笺于炮火间，墨迹如磐石镇纸，"泰山鸿毛之训，早已了然于胸，故常处境危难，心神亦觉泰焉"。以残躯筑孤垒，在英美租界万国注视下，将民族尊严烙进钢筋水泥——每寸断垣皆成刺向侵略者的利刃。

千里外汉水呜咽。枣宜会战前夕，张自忠将军蘸血为墨："国家到了如此地步，除我等为其死，毫无其他办法。"其辞裂帛穿云，"为国家民族死之决心，海不清，石不烂，决不半点改变"。致父书更见铁骨柔肠："决以全躯报国恩！战死沙场，男儿至荣。"不久之后，张自忠身中七弹殉国南瓜店，血沃焦土处，十数万军民沿途跪迎灵枢。

白山黑水间，赵一曼保护抗日联军主力突围，身中五弹犹然不屈。日寇用尽各种酷刑摧残她，始终无法令其屈服。在被押送刑场的途中，赵一曼提笔写下了给儿子的最后的话："宁儿，母亲因为坚决地做了反满抗日的斗争，今天已经到了牺牲的前夕了。母亲和你在生前是永久没有再见的机会了。希望你，宁儿啊！赶快成人来安慰你地下的母亲！我最亲爱的孩子啊！母亲不用千言万语来教育你，就用实行来教育你。"字字如凿，笔笔含泪："在你长大成人之后，希望你不要忘记你的母亲是为国而牺牲的！"这些饱含血泪的告别，岂止是慈母柔肠，更是热血熔铸的忠诚誓言。

南洋星岛椰影下，被誉为"华侨旗帜、民族光辉"的陈嘉庚执笔如戈："实现中华民族之自由平等，唯有全国人民抱定牺牲到底之决心以赴之。"此非空言，陈嘉庚作为"南洋华侨筹赈祖国难民总会"主席，率先垂范，每月捐两千银圆，此后更斥十万巨资购买救国公债，虽半数为贷亦在所不惜。他感叹："余惟恨现无百万资产，否则亦必以全数购买救国公债。"星洲侨众在他的带领下纷纷解囊，三年汇聚四亿国币，以解抗日燃眉之急。

一纸家书，怎载动浩荡赤忱；万里沧波，隔不断故国明月。

抗战家书，此非寻常尺素。那是三百八十万抗日将士英灵、三千五百万死难同胞以骨为笔、以血为墨，在生死簿上刻下的不朽契约：

为自由故，九死未悔；为独立故，万劫不移！

今天，当我们重温谢晋元"泰山鸿毛"的从容笔迹，仿佛触摸四行仓库弹痕累累的钢铁脊梁；当目光掠过张自忠"海枯石烂"的血誓，恍见南瓜店焦土中站起的民族丰碑。赵一曼遗书上的泪痕，已凝成松花江的冰凌；左权将军对家人的眷恋，已化作守护山河的力量。

所有离散都是历史的褶皱，所有重逢都是血脉的复写。

千千万万封抗战家书，在世纪烽烟中奔涌成河！它们，是民族存亡关头以血泪熔铸的精神鼎彝。今日，让我们以心为祭，叩开这尘封的历史闸门。承平之世，展卷如闻惊雷。一切为中华民族摆脱外侮而不懈抗争的人们，一切为中华民族掌握自己命运、开拓国家未来的人们——

他们，是我们的无上荣光！

《人民日报海外版》2025 年 7 月 7 日

"物"证初心

——旧物中的峥嵘岁月

抗战中的一张小报

/ 颜　辉

1943年3月，新四军东南警卫团政委兼海启县委书记洪泽找我谈话，要我参加创办《东南报》，马力当主编，我和另三位同志当编辑兼刻钢板。他说，在"清乡"圈里办这么一张报纸，很不容易，也极危险，要有大无畏精神才行。团长王澄说，反"清乡"无论怎样艰苦，只要有《东南报》在，群众就知道县委还在领导斗争。

3月26日，《东南报》创刊号出版，刊登了苏中军区司令员兼政委粟裕的《反"清乡"紧急动员令》。4月1日敌人调集重兵，出动一个联队和伪军三个师共15000人，开始对四分区（南通、如皋、海门、启东）进行"清乡"。"清乡"圈内据点林立，密如蛛网；"清乡"圈周围遍筑碉堡，挖掘深沟，设立大小"检问所"150多个，还从江南运来了500多万根毛竹，修筑了长达300华里的竹篱笆。兵分十几路，步兵、自行车队、汽车、汽艇一齐出动，采取"拉网"、"梳篦"战术，企图将我抗日武装和领导机关一网打尽。

根据这一严峻形势，《东南报》的主要任务是报道部队群众反"清乡"斗争的胜利消息，鼓舞斗志，增强军民抗敌的信心。它每两天出版一期，八开四版套红油印，敌情严重时三天一期，改出两版，直至 1945 年 8 月日本投降为止，从未中断。报社设在海中区表东乡三友村农民尹祖陶（秘密党员）家里，距敌人据点巴掌镇、池棚镇仅三四华里。

我们白天外出采访，将钢板、蜡纸、油印机、白报纸藏在尹家屋后竹园的地洞里，敌人下乡时同群众一起跑反。晚上把东西取出来，进行编辑、刻写、校对、印刷，全套工序必须在拂晓前完成，并将废纸和油墨痕迹统统清除干净，然后钻进芦苇丛里睡一会儿。秘密交通员冒着生命危险，捎来各区、乡的稿件，并将印好的报纸送走。

《东南报》刊登过不少群众锄奸的故事，如《扎粽子》《下馄饨》《背娘舅》等等，开辟了《锄奸故事专栏》。还绘成连环画，出版了五期《东南画报》。而更主要的是向全县干部、群众传播了反"清乡"斗争的捷报和战地新闻，例如：东南警卫团和各区区队始终坚持在"清乡"圈内打击日伪军的战斗捷报；老七团、特务四团杀回"清乡"圈内，在耙齿凌、南坝战斗中毙伤加藤大尉、丹木中尉以下日军官兵 100 余人，生俘日军 14 人，毙伤生俘伪军五百余人的战斗捷报；百发百中的"一等神枪手"、富余区队分队长王祥，一人在反"清乡"中先后击毙日军 36 名的英雄事迹；荣获"一等民兵英雄"称号的民兵队长何凤升，率领民兵长期围困袭扰富安镇据点，历时三个月最后将日伪军逼走的民兵战报；中秋节晚，海启各区、乡民兵和群众数万人拥向敌据点，人山人海，高呼"德国败，日本快，不投降，见阎王"口号，举行敌前大规模群众性武装示威的战地新闻；赵一德短枪队神出鬼没进据点锄奸，黄士奇小队长率四名短枪队员化装进崇海镇据点，击毙五名日军缴获一挺"弯夹子"机枪的战斗故事

7月1日晚，全分区数万群众、民兵在主力部队掩护下，展开了声势浩大的破击战，火烧竹篱笆，锯倒电线杆，割断电线，挖断公路，使日伪军惨淡经营三个月的封锁线遭到毁灭性的破坏。《东南报》刊登了胡石言创作的《"清乡"谣》，真实地记录了这次英勇无畏的斗争场面。

《人民日报》1995 年 8 月 12 日

一沓沉甸甸的影印件、一段尘封76年的历史，
记者深入太行山腹地

追寻83张抗日英烈死亡证书

/温红彦　刘鑫焱　倪光辉　田　丰
　冯　粒　段晓梦　张芳曼

一沓沉甸甸的影印件——83张抗日英烈死亡证书，不久前寄到人民日报编辑部的案头。死亡证书是在山西省左权县莲花岩的崖壁上发现的，影印件尽管模糊不清，但能辨认出，开具这批死亡证书的，是八路军一二九师卫生部。

83个生命全部定格在1939年，那正是日军大举进攻中国、日寇铁蹄蹂躏我四万万同胞的血雨腥风的日子。

时光荏苒，倏忽76年。83张抗日英烈死亡证书是怎么被发现的？英烈的亲人找到了吗？死亡证书的背后，是一段怎样不为人知的抗战故事？在纪念中国人民抗日战争暨世界反法西斯战争胜利70周年之际，我们采访小分队踏上追寻之路。

一

人间四月天，这 83 张死亡证书把我们带到那浴血奋战的抗日岁月。采访小分队带着对 83 位英烈的缅怀之情，在当地宣传部门的帮助下，进入左权县。

左权县原名辽县，地处太行山主脉西侧，八路军副参谋长左权将军 1942 年 5 月在这里壮烈牺牲，辽县因此更名为左权。当地人告诉我们，抗战时期全县 7 万多人有 3 万多人参战，1 万多人牺牲。可以想象，巍巍太行山下，母亲叫儿打东洋、妻子送郎上战场的场景何其壮烈！

4 月 25 日，在左权县企业家高乃文的办公室里，我们见到 83 张抗日英烈死亡证书的原件。

那是一沓泛黄的纸张，上边缘处有清晰的圆孔，当时应是用线缝在一起。经过 76 年的岁月侵蚀，线已无踪影，纸张已残缺，但上面蓝黑色的字迹清晰可辨。

死亡证书记录了 83 位抗日英烈的姓名、职别、年龄、籍贯，以及诊断、治疗经过和死亡原因、主治医师等基本信息。83 人中，年龄最大的 50 岁、最小的仅 15 岁。如果他们健在，最小的今年也 91 岁了。

翻看一张张死亡证书，仿佛看到抗日烽火在太行山上燃烧的场景。

高起考，三八五旅七六九团二营九连战士，28 岁，死因是双腿炸伤、败血症。

崔利霞，总修械二所修械组组长，36岁，死因是右下腿炸伤、左手炸伤。

还有徐金荣，特务营探查连战士，17岁；杨上有，一营二连班长，23岁；崔珠朝，三营九连战士，23岁……

能证明这些鲜活的生命在这个世界上存在过的，只剩下这一张张发黄的"死亡证书"。

记者发现，这83份死亡证书，死因除了枪炮伤，大多是急性肠炎、痢疾、伤寒、感冒等疾病。

张德朝的死亡证书上这样记载："诊断：流行性感冒。1939年8月15日于南郊村入院，8月16日早三点钟牺牲。此人来时就不会说话，来的时间不够二十四小时就牺牲了，所以连队职别都不知，也未经治疗。"

那是个严重缺医少药、缺吃少穿的时期。八路军战士大多营养不良、身体虚弱，加上超负荷的行军打仗，得个感冒、肠炎，就可能被夺去生命。

当翻到宋喜成的死亡证书时，大家眼前一亮，因为这是在左权县境内唯一找到了亲人的英烈。

"职别：卫生部青年队学员；姓名：宋喜成；年龄：16岁；籍贯：（晋）辽县东乡上庄村人；何时何地入院：1939.8.3在武乡南郊村入院……死亡日期：1939.8.12下午二点钟牺牲。"这份死亡证书，是由八路军一二九师卫生部第五所开具的。

听说宋喜成的亲人就在几十里以外的上庄村，我们驱车赶往那里。

74 岁的宋丙辰老人是宋喜成的侄子，宋喜成是他的三叔。他向记者讲述，"奶奶活着时，常跟我念叨，你三叔要是在就好了，他的力气大，不像你，一次只能挑半桶水。"宋家祖籍河北邢台，宋喜成的父亲逃荒至左权县，以行医为生。1939 年，八路军在左权县得到发展，3 个儿子宋玉翠、宋玉川、宋喜成都参了军。玉翠、玉川后来均有下落，唯独小儿子喜成生死不明。

当志愿者在两年前拿着宋喜成的死亡证书找到宋丙辰时，他老泪纵横地说，爷爷奶奶如地下有知，也该放心啦。

上庄村的李主任告诉记者，这份"死亡证明"虽然来得迟了，但宋家总还算幸运的。在这个村里，至少还有 5 户人家，前辈当了八路军后至今都没有下落。

二

左权县小荫沟峡谷，山岩层层叠叠，典型的太行山红砂岩层地貌。沿沟内石径而入，约 1 公里，就是莲花岩了。岩壁上排列古石屋三处，上顶十丈崖，下临百米坡。沿着陡峭的石阶，我们攀援而上，终于来到了发现死亡证书的那间崖居。

桃花开了，杏花落了，满山遍野点点红霞。站在上崖居俯瞰峡谷，莲花岩景区游人往来穿梭，一派安乐祥和，更让人感受到和平的珍贵。

左权县小荫沟村原村党支部书记秦莲昌向我们介绍说，2009年，左权县桐峪镇莲花岩准备开发旅游，在打扫山上多年无人居住的崖居时，清洁工王福勤和李玉生发现了这沓发黄的死亡证书。后经辗转，交到莲花岩景区老板高乃文手上。

"5年前，我们就是在这里发现了那沓证书。"年近70岁的王福勤大娘站在炕上，手指着屋顶上一道漆黑的岩缝对记者说。如今，崖居已收拾齐整，看守崖居成为她的专门工作。

68岁的秦莲昌，是在莲花岩边长大的。村里人口本来就不多，当年和秦莲昌一家住过崖居的老人也都相继离世。在他的记忆里，小时候常听大人们说起八路军打仗的故事。

1939年7月，日军第三次侵占左权县城，从此开始对县城及公路沿线村庄数年的盘踞，直至1945年。1939年7月，一二九师司令部等移驻左权县东南的桐峪镇。在师长刘伯承、政委邓小平的指挥下，一二九师多次打退日军的进攻，但也付出了巨大的代价。

死亡证书显示，83位英烈的入院和死亡时间大多在1939年7月到12月。从时间和地点来看，他们很可能就是在这些战役中受伤并牺牲的。

1939年前后，那是怎样的抗战岁月呢？1938年，中共中央北方局进入太行山，领导华北抗日根据地进行艰苦卓绝的战斗，八路军总部、一二九师司令部等在左权县驻扎。1940年，八路军在这里领导了抗日反攻的"百团大战"。八路军总部在左权麻田镇总共驻扎1457天，连同在邻近的武军寺驻扎236天，共计1693天。抗战8年，八路军总部在麻田驻扎5年之久。

而这期间，一二九师卫生部及其医院就设在附近的桐峪镇一带。由于日军扫荡频繁，又地处太行山区，卫生部各医院多依靠民居作医院。为了防止日军突袭，各医院都分散成几个医疗所。遇到敌人扫荡，各所驻地便不时转移。可以推测，有些医疗所就建在只通羊肠小道的崖居上。

三

从北京出发前，人民日报编辑记者亲手折叠了 83 只千纸鹤，并签上自己的名字。在发现死亡证书的崖居缝隙处，我们献上用 83 只千纸鹤串成的花环，深深一鞠，告慰 83 位英烈，寄托我们的哀思……

究竟是谁将 83 张死亡证书放置在崖居石缝中？也许是医院转移时情况紧急没来得及带走，也许是保管这沓死亡证书的人遇难前转交给老乡的，也许……历史没有也许，死亡证书为什么被放置在崖居石缝中，也许将成为永久之谜。

迟来了 76 年，83 位英烈的亲人还能一一找到吗？"这些英烈虽然有名字，却是'无名'英雄，因为年代太久了，很难找到他们的后人。"志愿者告诉记者。况且，许多英烈牺牲时才十几岁，还没有娶妻生子，哪有后人。

从 83 张死亡证书看，他们来自晋、冀、鲁、豫、川、陕、甘等 7 个省份，其中山西籍 29 人。由于行政区划数次变更，死亡证书上的许多村子如今也很难寻找。目前，29 名山西籍英烈，找到亲属的仅宋喜成、王金华两位。

能找到王金华的亲属，也颇为偶然。太原双合成食品有限公司董事长赵光晋，得知发现了抗日英烈死亡证书，立即组织"寻找山西籍英雄家人"志愿者小分队。死亡证书上记载，王金华是山西昔阳县上郭庄人。小分队便来到昔阳县，几经周折，在县民政局的几百份革命烈士档案中，发现了上郭庄村王金华的名字，终于找到了王金华侄女的儿子张海英。

宋丙辰、张海英是幸运的，毕竟他们在多年后知道了亲人的下落。采访中，我们了解到，还有很多抗日英烈的后人们，仍不知失去多年的亲人魂归何处。

采访中，不断有消息传来：北京的王炳尧等书法家，为83位英雄书写了碑文；山西清徐县农民孙铁丑，将在自己开发的生态林中为英雄修建墓园……

我们切盼，76年云外漂泊的英魂，早日入土为安。

《人民日报》2015年5月7日

枪林弹雨中"逆行"

——王根英

/ 郭敬丹

　　中共一大会址纪念馆珍藏着这样两件文物：一个绣着图案和文字的白布书包和一块邮寄这个书包的包袱皮。这两件文物看似普通，背后却深藏一位革命母亲对幼子的深爱和挂念——这是1935年，一位共产党人从狱中寄给自己6岁儿子的。这位母亲就是王根英烈士。

　　王根英，1906年出生于上海浦东，9岁起在外商纱厂当童工。1925年她参加五卅反帝爱国运动，在斗争中加入中国共产党。

　　1927年4月下旬，王根英作为上海代表，赴武汉参加党的第五次全国代表大会，随后出席全国第四次劳动大会，同时作为中国工人阶级的代表出席了在汉口召开的国际工人太平洋劳动大会。在此期间，王根英与陈赓相识，并结为夫妻，不久奉命回到上海，在党中央机关担任地下交通工作。陈赓也辗转来到上海，在中共中央特科负责领导情报工作。在特殊的秘密战线上，王根英全力掩护和协助陈赓的工作，为党中央提供了许多重要情报，营救了大批被捕的同志。

1932 年，王根英担任全国总工会组织委员、女工部部长，积极组织领导上海工人运动。1933 年 12 月，由于叛徒出卖，王根英被捕入狱。在狱中，面对敌人非人的折磨，她坚贞不屈，同敌人进行了艰苦斗争。在狱中，王根英也惦念着自己的家和孩子。中共一大会址纪念馆珍藏的布书包就是她在南京老虎桥监狱缝制的。

全国抗战爆发后，经党组织营救，王根英被释放出狱。1938 年秋，王根英被调到八路军一二九师供给部财经干部学校任政治指导员。1939 年 3 月 8 日，师供给部和学校驻地遭日军突袭包围。在突围的危急关头，王根英发觉一个装有党内文件和公款的挎包没有带出来，毅然冲回村中去取，路上与日军遭遇，壮烈牺牲，年仅 33 岁。

王根英为了革命事业，能忘我地抛下一切，不惧危险。"这就是'初心'！对于那些先辈来说，初心融入血液，体现在一次次舍小家为大家的人生选择上。"纪念馆陈列研究部副主任张玉菡说。

2018 年"七一"，中共一大会址纪念馆内的"忠诚与信仰"情景党课新加入了"王根英的书包"这个故事，将烈士的坚强精神和深厚母爱，向更多人讲述。

《人民日报》2018 年 11 月 15 日

为了信仰，一往无前

/ 张向阳

理想因其远大而为理想，信念因其执着而为信念。马克思主义真理与道义的力量，鼓舞共产党人前赴后继、砥砺前行

"中国要走十月革命的道路，建设社会主义和共产主义"。这句掷地有声的宣言，出自《共产党》月刊的创刊号。100 多年前，上海法租界的民居里，《共产党》月刊编辑出版，为孜孜以求的有志之士带来了马克思主义的火种。

今天，中共一大会址纪念馆仍然精心保存着这份月刊的创刊号。封面上，"共产党"三个字庄重醒目。1920 年 8 月，上海共产主义小组成立。为了从思想上把全国各地的早期党组织统一起来，尽快建立一个全国性的无产阶级政党，《共产党》月刊应运而生。在风雨如晦、上下求索的岁月，一共出刊 6 期、每期仅约 50 页的月刊，由于介绍共产党的基本知识、中国革命的实现可能而备受青年欢迎，这份半公开性刊物的发行量一度达 5000 份。

作为马克思主义基本知识的"教材"、早期党组织进行交流的平台，《共产党》月刊激励无数仁人志士为了信仰一往无前。在给蔡和森的信中，毛泽东赞誉《共产党》月刊"不愧'旗帜鲜明'四字"。

旗帜鲜明源于信念坚定。从创刊日期选定，到栏目设置，再到文章选登，《共产党》月刊的细节饱含深意。1920 年 11 月 7 日是俄国十月革命胜利三周年纪念日，这批热血沸腾的中国革命者选择这天创刊；开办"国内消息""短言"等栏目，他们不忘分析中国国情，研究中国的社会性质和革命的对象、任务、动力等基本问题；初步探讨党的纲领，他们为正在筹建中国共产党的各地共产主义小组成员提供了思想武器……《共产党》月刊的发轫、发展，为建党起到了宣传和组织的作用，见证了马克思主义与中国命运的紧密相连。正因如此，我们可以说：中国共产党自成立之日起，就鲜明地将马克思主义写在自己的旗帜上。

理想因其远大而为理想，信念因其执着而为信念。由于运营经费短缺等原因，《共产党》月刊曾中断了 3 个月；编辑部迁到一个不到 6 平方米的亭子间办公，编辑环境异常艰苦；编辑人员冒着被监控和迫害的危险，采用化名来保护作者和刊物的安全……困难重重，但丝毫没有动摇中国革命者传播马克思主义的决心。马克思主义真理与道义的力量，鼓舞共产党人前赴后继、砥砺前行。信奉"人生最高之理想，在求达于真理"的李大钊，在生命最后一刻都坚信"共产主义在中国必然得到光辉的胜利"；陈望道废寝忘食翻译《共产党宣言》，以至于蘸着墨汁吃粽子，直说味道很甜；方志敏在就义前慷慨陈词，"为着共产主义牺牲，为着苏维埃流血，那是我们十分情愿的啊"……坚守崇高的信仰，无数革命先辈汇聚在马克思主义的旗帜下，情愿吃百般苦、甘心受千般难。

在苦难中磨砺，真理越辩越明。回顾党的奋斗历程可以发现，中国共产党之所以能够历经艰难困苦而不断发展壮大，很重要的一个原因就是我们党始终重视思想建党、理论强党，使全党始终保持统一的思想、坚定的意志、协调的行动、强大的战斗力。正如恩格斯所说："马克思的整个世界观不是教义，而是方法。"从这个意义上说，尽管《共产党》月刊在1921年就完成了自己的使命，但它镌刻的激昂文字鲜活依旧，它开启的真理之路越走越宽。

习近平总书记在党史学习教育动员大会上强调，我们党的历史，就是一部不断推进马克思主义中国化的历史，就是一部不断推进理论创新、进行理论创造的历史。100多年前，《共产党》月刊将马克思主义的理论种子播撒在中国大地；今天，马克思主义在21世纪的中国放射出更加灿烂的真理光芒。奋进新征程，筑牢初心使命、感悟思想源头，我们更加坚信，旗帜鲜明地在实践中不断丰富和发展马克思主义，这束熊熊燃烧的火炬必将引领中国共产党人不断走在时代前沿、创造新的更大辉煌。

《人民日报》2021年3月22日

"伙食尾子"背后的制胜密码

/ 邹　翔

　　在中国人民革命军事博物馆的一个展柜里，3 枚 1 元面值的银元和 1 枚 5 分面值的铜币穿越历史长河、依然熠熠生辉。这 4 枚钱币，是朱德和康克清分别在长征途中和中央苏区瑞金分到的"伙食尾子"。在走南闯北的岁月里，他们省吃俭用，一直没有舍得把这些钱花掉，珍藏多年后郑重捐给了博物馆。

　　井冈山时期，由于敌人长期封锁，根据地的生活物资十分匮乏，连下饭的盐都是刮下老墙土熬成的硝盐。当时，红军官兵每人每天只有 5 分钱的伙食费。即便如此，在管理员的精打细算下，结算时还经常会有一些节余。经过士兵委员会讨论，这些伙食费一般按照官兵平等的原则平均分配给大家零用，被称作"伙食尾子"。从井冈山到遵义，从娄山关到腊子口，"伙食尾子"制度一直坚持着，见证了红军长征前后的峥嵘岁月，镌刻着人民军队艰苦奋斗的足印。

物质上的短缺反衬出精神上的富足。3枚银元与1枚铜币，见证着老一辈革命家的节俭美德，更彰显着"官兵一致同甘苦"的团结力量。"红米饭、南瓜汤，秋茄子、味好香，餐餐吃得精打光！"在极端艰难困苦的环境下，大家同吃粗茶饭、同住茅草屋，不搞特殊化。正如毛泽东所说："红军的物质生活如此菲薄，战斗如此频繁，仍能维持不敝，除党的作用外，就是靠实行军队内的民主主义。"一样的5分钱伙食，一样的浆布衣裳，一样地百里挑粮上井冈，一样地长征路上吃野菜煮皮带……这些"一样"，让红军在发展壮大的同时，形成了强大的向心力、凝聚力。

翻雪山时，一位军需处长把御寒的东西都发给别人，自己却穿单衣冻死在树下；过草地时，有人把剩余的干粮、捕捉的鱼虾让给伤员和战友，自己却以草根果腹，忍饥挨饿……生活上同甘共苦，战场上才能生死与共。参加过长征的女战上李伯钊曾动情回忆："士兵爱士兵，士兵爱官长，官长爱士兵""全军完全在政治思想上，活泼精神中，纯真的同志关系中，融成一体"。正是因为拥有同滋味、共安危的革命感情，保持同甘苦、共患难的战友深情，人民军队才能经千难而拖不垮、历万险而打不散。

上下同欲者胜，风雨同舟者兴。这不仅是人民军队走过浴血奋斗的革命战争年代的宝贵经验，也是我们党带领人民在发愤图强的建设、改革时期战胜艰险的重要法宝。从北大荒垦区人民上下一心，把莽莽荒原建成中华粮仓，到山西右玉21任县委书记带领干部群众坚持种树，把不毛之地变成塞上绿洲，再到数百万扶贫干部同贫困群众心想在一起、汗流在一起、苦吃在一

197

起，创造了彪炳史册的人间奇迹……勠力同心共甘苦，敢教日月换新天，党和国家各项事业取得举世瞩目成就的"密码"便蕴藏其中。

《人民日报》2021 年 3 月 30 日

必读书中的"赶考"指南

/ 戴林峰

每本长 21 厘米、宽 15 厘米，垒起来不足一尺高，在香山革命纪念馆，一套 70 多年前出版的干部必读丛书纸张虽已泛黄褪色，却始终闪耀着思想的光芒。这 12 本马列经典著作，包括《共产党宣言》《国家与革命》《马恩列斯思想方法论》《政治经济学》等，经 1949 年召开的七届二中全会审定出版。毛泽东评价说，"积二十多年之经验，深知要读这十二本书"。

解放战争走向全国胜利之时，为何在百万大军挥师南下的隆隆炮火声中编列这样一套干部必读书目？其中蕴含着中国共产党人深沉的忧患意识。七届二中全会决定把党的工作重心由乡村移到城市，中央领导机关由西柏坡迁往北平，被喻为"进京赶考"。编列 12 本干部必读书目，正是一场着眼于"考个好成绩"的充分"备考"。

"下了山，进了城，问题复杂了，我们要管理全中国，事情更艰难了。"七届二中全会召开前夕，刘少奇在为马列学院学员讲话中指出，"不是说胜利了，马克思的书就不要读了，恰恰相反，特别是革命胜利了，更要多读理论书籍，熟悉理论，否则由于环境的复杂，危险更大。"针对"管理全中国"这个新任务，着眼于如何建设新中国，建设一个什么样的新中国这个新课题，干部必读丛书在一年内印行了300万册，对提高全党干部的马克思主义理论水平、经济工作和城市工作能力，发挥了非常重要的作用。

中国共产党人依靠学习走到今天，也必然要依靠学习走向未来。习近平总书记指出："在每一个重大转折时期，面对新形势新任务，我们党总是号召全党同志加强学习；而每次这样的学习热潮，都能推动党和人民事业实现大发展大进步。"延安时期，党中央发出《关于干部学习的指示》，要求各地设法翻印中央出版的教科书与参考材料，努力克服"本领恐慌"；抗战胜利前夕，毛泽东在党的七大提议要读5本马列著作；七届二中全会新增了经济类书籍，与"城市工作必须以生产建设为中心"的任务相契合……一份份不同历史时期的书单，折射出一个学习型政党自我革新的能力和品质。

百年来，不断总结经验、提高本领的中国共产党，给了世人太多"意料之外"的成功；不断提高应对风险、迎接挑战、化险为夷能力水平的中国共产党，持续为世界提供着"另外一种可能"。

历史启迪现实、昭示未来。久经磨难的中华民族迎来了从站起来、富起来到强起来的伟大飞跃,但党面临的"赶考"远未结束。应对复杂多变的国际形势,把握改革发展稳定大局,都需要党员干部以时不我待的精神加强学习,一刻不停增强本领,书写好新时代的"赶考"答卷。

《人民日报》2021 年 4 月 7 日

渡江锦旗映照鱼水深情

/ 于　石

　　坐落在巢湖之滨的渡江战役纪念馆里，陈列着一面特殊的旗帜。黄色锦旗的上方写着"奖给水上英雄"，中间"渡江第一船"五个大字非常醒目。仔细观察，锦旗的左边尚有斑斑血迹，边角处有被炮火击中后残留的黑色印迹和几处不规则的破损。正是这面穿过炮火硝烟的旗帜，见证了70多年前"百万雄师过大江"的万丈豪情，传递着"军民一家亲"的胜利密码。

　　说起这面锦旗背后的故事，90多岁的陈玉华老人眼里闪烁着光芒，"几天几夜都说不完"。渡江战役前夕，常年以打鱼为生的陈玉华和父亲陈文义，自告奋勇和解放军战士合编训练，成为第一批10条冲锋船上的水手。他们每天和战士们一起下水练习游泳，在旱地上苦练划桨。渡江前一天，一名部队首长亲自在每位突击队员的胸前挂上一枚章，那面"渡江第一船"的锦旗也在这个时候交到了他们手上，被陈玉华小心地缝在衣服内里。

战斗在一个深夜打响，江岸炮火齐鸣，江面桅樯如林。人民解放军千帆怒张，万船齐发，以排山倒海之势向对岸进发。陈玉华父子俩一人负责扯帆、一人专司掌舵，满载 18 名解放军战士冲了出去。战火纷飞、硝烟弥漫，船身被子弹打穿了好几个洞，陈玉华也被流弹击中胳膊……尽管如此，冲锋的势头不止、前进的方向不变，父子俩最终把解放军战士送上了岸，完成了光荣的使命。

一切为了前线，一切为了胜利。渡江战役中，和陈玉华、陈文义一样，成千上万沿江百姓摇起船桨，出工、出力、出船，冒着生命危险送解放军指战员过江。千里沿江线，每一个港口、每一个村庄、每一个乡镇，"解放大军到哪里，支前工作就做到哪里。"正如习近平总书记在参观渡江战役纪念馆时强调的："淮海战役的胜利是靠老百姓用小车推出来的，渡江战役的胜利是靠老百姓用小船划出来的。任何时候我们都要不忘初心、牢记使命，都不能忘了人民这个根，永远做忠诚的人民服务员。"

军队打胜仗，人民是靠山。长征途中，3 名红军女战士借宿群众家中，临走时把自己仅有的一条被子剪下一半给老人留下；祖国边关，3 位藏族阿妈 30 多年坚持翻山越岭，为哨所战士们送去生活补给……"最后一碗米送去做军粮，最后一尺布送去做军装，最后一件老棉袄盖在担架上，最后一个亲骨肉送去上战场"，这首战争年代广为传唱的民谣，就是军民团结如一人的生动体现。

谁把人民放在心上，人民就把谁放在心上。不管是战争年代的英勇奋战，还是和平时代的默默坚守，坚如磐石的军政军民关系是我们战胜一切艰难险阻、不断从胜利走向胜利的重要法宝。有了民心所向、民意所归、民力所聚，人民军队就能无往而不胜、无敌于天下。只要始终站在人民立场上，赢得最广大人民衷心拥护，就能构筑起众志成城的铜墙铁壁。

渡江战役的硝烟早已消散，但还有许多"大江大河"等着我们去跨越，呼唤更多对党赤胆忠心、为民情深意重的英雄人物。抗洪抢险挺身而出，疫情防控闻令出征，边防哨所保家卫国……红色的基因代代相传，精神的旗帜高高飘扬，军民团结塑造了历史的不朽功勋，也必将再创新的辉煌。

《人民日报》2021 年 4 月 12 日

小皮箱见证家风传承

/ 桂从路

井冈山革命博物馆第一展厅，展陈着张子清烈士使用过的一只小皮箱。这只小皮箱虽然年代久远已有破损，但走近参观的人无不被其背后的故事打动。皮箱上用以固定的 36 颗图钉像是主人身经百战后的累累伤痕，灯光下的淡淡光泽折射出穿越时光的坚守与传承。

20 世纪 20 年代，张子清正是带着这个小皮箱到了广州，进入农民运动讲习所学习马列理论、追求革命真理。作为中国工农红军早期的著名将领，从参加秋收起义，指挥部队取得多次重要战斗的胜利，到不幸中弹负伤，在没有麻药的情况下咬木取弹，再到主动留守井冈山，把生的机会留给他人，张子清烈士为革命献出了 28 岁的青春年华，立下不朽功勋。毛泽东曾评价他"是一个真正的共产党员，是无产阶级的钢铁战士。他为革命竭尽忠勇，是红军中的关云长"。

　　张子清牺牲在追求民族解放、人民幸福的道路上，这只他使用过的小皮箱却伴随了其后几代人的成长。新中国成立后，张子清的女儿带着它在湖南益阳师范和武汉大学挑灯夜战，学习专业技术；改革开放后，张子清的后人依然在使用这只皮箱。他们秉承烈士遗志，对工作认真负责，在服务人民、奉献祖国中实现人生价值。可以说，这只小皮箱不仅装载书籍物品，更见证了一家几代追求理想的奋斗足迹。张子清烈士坚定的理想信念、大无畏的革命精神，成为代代相传的红色基因，与小皮箱一起传递给了后人。

　　良好家风照亮人生道路，红色基因沉淀优良品格。透过小皮箱，我们读懂先烈的精神境界，也深刻感受到家风传承对个人成长、事业发展、国家进步的意义所在。在我们党百年奋斗史上，正是无数像张子清这样的共产党人顽强拼搏、不懈奋斗，践行着初心与使命；也正是在红色家风的传承中，革命先烈的精神血脉得以赓续、忠诚担当的过硬品格不断砥砺、报效祖国的务实行动蔚然成风。

　　习近平总书记深刻指出："不论时代发生多大变化，不论生活格局发生多大变化，我们都要重视家庭建设，注重家庭、注重家教、注重家风"。家风醇正，雨润万物；家风蔚然，国风浩荡。红色家风不仅属于革命先烈后人，更是我们党的宝贵精神财富，值得全社会传承和发扬。多从革命先辈为理想矢志不渝、为事业殚精竭虑的事迹中汲取养分，就能振奋谋新篇、开新局的精气神；时刻对表对标检视自身存在的不足，就能夯实信仰之基、补足精神之钙、把稳思想之舵；在耳濡目染中接受精神洗礼，就能扣好人生第一粒扣子，让红色基因、革命薪火代代传承。

张子清烈士的女儿张质彬是全国优秀共产党员，她曾在怀念父亲的文章中这样写道："您对革命的忠诚、勇敢，以及德高望重的崇高思想品德，永远铭刻在我的心中，永远值得我们尊敬和学习……"在珍藏几十年后，张子清家属将这只小皮箱捐赠给井冈山革命博物馆，让更多人从中获得成长滋养、精神洗涤。红色家风是党的宝贵财富，传承红色基因是义不容辞的责任，这正是小皮箱带给我们的启迪。

《人民日报》2021 年 4 月 20 日

标记永不褪色的革命信仰

/ 尹双红

　　江西井冈山革命博物馆珍藏着一条长 70 厘米、宽 4 厘米的红带子，它的主人是曾经的遂川县第五乡工农兵苏维埃政府赤卫队队长王棣权。1928 年，王棣权在一次战斗中壮烈牺牲，红带子被他的妻子妥善保存，直至新中国成立后交给国家。如今，这条红带子存放在博物馆橱窗里，它承载的革命信仰从未褪色。

　　红带子是一条识别带。一首生动描绘南昌起义的歌谣唱道："八一大天亮，老百姓早起床，昨夜晚机关枪，其格格其格格响啊，它是为哪桩？原来是共产党武装起义，原来是红带兵解决了国民党"。歌谣中的起义部队就是"红带兵"，得名于官兵佩戴的红色领带。在人民军队草创时期，装备极为简陋，没有统一军服。尤其是南昌起义官兵，有的是学生、教师打扮，有的身着农民衣着、商贩服装。为了区分敌我，同时不至于与百姓混淆，他们就在领口上、袖子上、脖子上系上红带子，以此作为标记。这一做法一直延续到了井冈山斗争时期，红带子也成了参加革命、勇敢杀敌的标志。

识别带还有另外一个名称——牺牲带。在极其残酷的斗争中，佩戴红带子的革命者，随时准备为革命献身。而活着的战友，也可以根据红带子上的籍贯、姓名信息，将消息传给烈士家人。曾任红军大学校长的何长工回忆，当时在打仗之前，战士之间常常互相交代这样两句话：一句是告诉我的老母亲，你儿子在什么时间、什么地方牺牲了；另一句话是胜利之后，在烈士纪念册上给我登记一个名字。即便如此，战争年代仍然有数不清的烈士没有留下姓名，仅井冈山斗争的两年零4个月里，就有4.8万余人牺牲，其中有名有姓被镌刻在纪念碑上的仅15744人。英烈已经远去，但见证过先辈英勇奋战、不怕牺牲的红带子，一直留存到了今天。

面对冰冷的枪炮，战士们为何能将生死置之度外？如何做到甘愿为党和人民流尽最后一滴血？"为了让千千万万的母亲和孩子能过上好日子，为了让白发苍苍的老人皆可享乐天年，儿已决意以身许国！"这是王尔琢的答案；"国破尚如此，我何惜此头"，这是吉鸿昌的答案；"愿以我血献后土，换得神州永太平"，这是车耀先的答案……为了亲人同胞不再被恐惧和痛苦笼罩，为了国家和民族不再饱受屈辱，革命先辈们将个人命运与家国命运紧密相连，熔铸起视死如归的革命斗志、坚不可摧的革命信仰。

青春换得江山壮，碧血染将天地红。在革命年代，先辈们掩埋好战友的遗体，擦干泪水，一次又一次向前冲锋。如今，枪炮的轰鸣已经远去，共产党人的红色基因在一场场看不见硝烟的战斗中赓续传承。抗洪救灾中，人民子弟兵闻令而动、迎难而上；脱贫攻坚战中，300多万名第一书记和驻村干部奋战在扶贫一线……从实现民族独立，到建设社会主义，从掀起改革热潮，到决胜全面小康，挺立在急难险重最前沿的，始终都有共产党人舍生忘死、不顾安危的伟岸身躯。岁月会模糊记忆，但英雄的名字将永远镌刻在广袤的土地上，永远铭记于百姓的心中。

前进路上注定有艰难险阻。读懂红带子承载的牺牲精神，就要接过革命的火炬，守护来之不易的日子，创造更加美好的未来。这是信仰的传承，也是历史的使命。

《人民日报》2021 年 4 月 27 日

追寻永不消逝的红色电波

/孙　振　戴林峰　曹玲娟

潘俊强　袁　婧

一切向前走，都不能忘记走过的路，走得再远、走到再光辉的未来，也不能忘记走过的过去，不能忘记为什么出发。

在中国共产党迎来百年华诞、全党正开展党史学习教育之际，人民日报几位青年记者来到位于北京的香山革命纪念馆，由中央档案馆、北京市委宣传部主办的"红色电波中的领袖风范——毛泽东同志香山时期发布电报手稿专题展览"正在这里展出。

1949年3月25日，中共中央和毛泽东进驻香山。此后181天，香山成为我们党领导解放战争走向全国胜利、新民主主义革命取得伟大胜利的总指挥部。一串串红色电波从这里发出，指引着中国革命走向胜利。

"'嘀嗒、嘀嗒'就是党中央和毛主席的声音，全党全军都无条件执行。"跟着青年记者的脚步，循着红色电波，走近老战士、老机要员，重温那令人心潮澎湃的红色记忆，可以清晰看到，无线电波指挥千军万马所向披靡，靠的是全党全军政治坚定、纪律严明、一切行动听指挥。

党的历史是最生动、最有说服力的教科书。习近平总书记在党史学习教育动员大会上指出："旗帜鲜明讲政治、保证党的团结和集中统一是党的生命，也是我们党能成为百年大党、创造世纪伟业的关键所在。"深学细照学党史，担当作为开新局，必须把讲政治从外部要求转化为内在主动，坚定不移向党中央看齐，不断提高政治判断力、政治领悟力、政治执行力，更加自觉在思想上政治上行动上同以习近平同志为核心的党中央保持高度一致，确保全党上下拧成一股绳，心往一处想、劲往一处使。

"嘀嗒、嘀嗒"……

陈列的几台发报机锈迹斑驳，按键却磨得锃亮。走近展柜，耳畔仿佛传来70多年前发报员们那无数次的指尖按动。

这里是香山革命纪念馆。毛泽东在香山时期发布的202封珍贵电报手稿正在此间展出。展览主要选取反映重大历史节点、重大历史事件、重要历史人物、重要历史决策的电报手稿，辅以珍贵历史图片、文物、文献等，以"军队纪律严明""工作作风优良"等多个专题进行展示。

一张书桌，一把椅子，一盏台灯，一部老式电话……展厅序厅，"双清别墅毛泽东同志办公室"历史场景重现。

"南京：4月23日；杭州：5月3日；武汉：5月17日；西安：5月20日；南昌：5月22日；上海：5月27日……"展厅内，一幅渡江战役后全国各大城市解放时间表，再现了人民解放军向各地胜利进军的过程。

"就是在这样简朴的办公室里，毛泽东同志起草了一封封电报，通过嘀嗒嘀嗒的电波，直接指挥解放全中国、筹建新中国。"香山革命纪念馆常务副馆长徐中煜讲解道。

几封电报手稿，一张历史照片，让我们印象深刻——

那是1949年4月至5月，在解放上海过程中，毛泽东亲自起草、修改多封电文，强调加强军队入城纪律、完成对于攻占上海的政治准备工作等问题。

照片是那张让人动容的"解放军露宿街头"的红色经典照片：攻入上海市区后，解放军战士严格执行"不入民宅"的规定，和衣抱枪露宿在雨后湿漉漉的街头……

为什么凭"嘀嗒、嘀嗒"电波指令就能运筹帷幄、决胜千里，让全党全军行动如一人？

"讲政治是具体的，'两个维护'要体现在坚决贯彻党中央决策部署的行动上，体现在履职尽责、做好本职工作的实效上，体现在党员、干部的日常言行上。战争年代，党中央和毛主席用电台指挥全党全军，'嘀嗒、嘀嗒'就是党中央和毛主席的声音，全党全军都无条件执行。"展厅入口处的墙面上，醒目地镌刻着习近平总书记2019年7月在中央和国家机关党的建设工作会议上的一段重要讲话，很多观众驻足凝视。

"嘀嗒、嘀嗒"声中，我们走近电报背后，追寻那永不消逝的红色电波，感悟共产党人忠诚与信仰的实践品格。

电报发出之后——"嘀嗒、嘀嗒"的声音，就是无坚不摧的如山号令，令行禁止照鉴对党忠诚

"入城纪律是入城政策的前奏，是给上海人民的见面礼！""必须强调入城纪律"……

上海市档案馆，一份陈毅在江苏丹阳整训期间的讲话记录手稿已经泛黄，揭开这样一段历史：1949 年 5 月上旬，为落实党中央做好解放上海政治准备工作、加强入城纪律等的电报指示，部队和城市接管干部来到丹阳，集中学习纪律规定、城市接管政策。

与之相映衬的是，上海解放纪念馆展陈的一本《入城纪律》口袋书装订小巧，要求"人人熟读，人人遵守"。还是在这个纪念馆，一张部队当年的行军照同样令人过目不忘：一些战士不识字，"入城纪律"就被画成漫画，挂在战士背包上，一边行军一边学习。

党中央的指示迅速传达落实，入城纪律深入每一名战士心里。在上海阮武昌的家中，我们见到了这位 92 岁的解放军老战士。解放上海时，他曾带着一个连队与敌人激战三天三夜，从城市西南角打到东北角。

服从命令听指挥，老人的讲述里，这些情景让人格外难忘——

1949 年 5 月 20 日凌晨，部队正向浙江绍兴方向急行军，突然接到攻打上海的命令，我们都很兴奋。很多人盼着战斗结束后好好看一看大上海，部队里还有不少上海籍战士，更盼着能早点和家人见上一面。

又是连续几天的急行军，我们终于在5月24日傍晚到达上海徐家汇。在一座教堂广场前，我们连队作了战前动员，反复强调作战纪律：为保护人民生命和财产安全，市区作战不准使用火炮；不能拿群众物品、进入民宅……

当时的上海，苏州河南岸地区已基本解放，战前动员时一些群众主动围过来，我清楚地听到他们的夸赞："看，解放军多讲纪律！"

我们投入战斗时遇到了困难。在苏州河北岸，敌人凭借严密火力封锁桥面，我们发起好几次冲锋都无法向前。能不能架上火炮？团部召开紧急会议，再次强调不准使用火炮等作战纪律，"对岸有敌人，但也有上百万群众！"会议决定改变战术，挑选我和其他十几名擅长射击的战士，迂回到大桥西侧，架起机枪猛攻敌人工事，正面部队趁势攻入对岸。

几次攻击时，前进的道路被敌人封锁了，我们就利用敌人原有工事掩护、攻击，宁可让子弹从头顶飞过，也不进民房躲避，不使用火炮。为此，一些战友牺牲了，虽然很悲伤，但我打心里认可组织命令——因为三天三夜的战斗，我所在的部队没有误伤一位群众，没有打坏一栋建筑、居民房屋，实现了"军政全胜"。

那是永远难忘的三天三夜！激战频频，但我们夜晚都是睡马路，遇上下雨就躲到屋檐下。为不影响市民生活，部队不在市区烧饭，白天战斗间歇，吃的都是后方从几十里外送来的饭食——凉白开加米饭。

27日上午，我们最后一项任务是攻占江湾机场，敌人见大势已去，主动投降，还打开一个机场仓库——里面是满满当当的食品罐头。对方往我们手里塞牛肉罐头，但我们拒绝了。对方以为我们嫌食品不好，又接连打开鱼肉罐头、火腿罐头，后来见我们态度坚决，只好作罢。仓库封存，等待接管人员接收。

部队撤退的路上，一位指导员问我们："看见罐头不想吃吗？""特别想吃！"一位战士说着，摸了摸肚皮。指导员开玩笑："那为什么不吃？"那名战士指了指脑袋，"这里不让吃！组织有命令！"

听党指挥、令行禁止，我们是这样想的，也是这样做的。27日傍晚，部队接到命令撤离上海、投入下一场战役，很多人想好好看一看上海的愿望落了空。那些家在上海的战友们，离家征战多年，三天三夜却几过家门而不入。

一些战友牺牲在了新中国成立前夕，再没能看看解放后的上海以及他们的家人……说着说着，阮武昌老人语带哽咽。

面对生死考验，何以做到令出行随？

"任何时候，我们信任党，对党绝对忠诚。"阮武昌老人挺直腰杆说道，正如习近平总书记所指出的，"一百年来，不管形势和任务如何变化，不管遇到什么样的惊涛骇浪，我们党都始终把握历史主动、锚定奋斗目标，沿着正确方向坚定前行。"70多年前，解放、接管上海这座大城市，实现军政全胜，就是生动一例。

"入党78年，我始终坚持党指向哪里就打到哪里、党叫干什么就干什么。"老人说，亲历解放上海这场特殊战役，见证上海这座城市完好无损地回到人民手中，是一辈子的荣光。

传达电报的他们——及时、准确、安全地传达党中央的声音，源自信仰的力量，靠的是平凡坚守

"一封电报，牵涉前方几十万大军动向！""我们的工作枯燥了些，却是前后方沟通的'眼睛''耳朵'，哪能不认真对待？"

在北京赵天恩的家，这位90岁的老机要员想起丈夫72年前的话，依然心潮澎湃："一定要及时、准确、安全地传达党中央的声音！"老人缓缓的讲述里，充满责任与坚守——

我的丈夫沈世英1943年参军，从事机要工作近40年。在香山期间，他是机要部门一名股长，那时我刚从事译电工作，世英的认真严谨，深深感染了我。

如何做好机要工作？他和我们新入职的同志谈心，说起亲身经历的一件事。那是在解放战争初期，一天晚上，世英正在窑洞内的办公室休息，收到一封标有"平报"的电文稿，按要求需在3天内发出。一看时间不急，他就把电文稿压在枕头下，准备休息一会儿再译电。哪知一觉醒来，电文稿不翼而飞！

组织派人在窑洞内找了好几遍，都没找到。后来一位同志在桌脚发现一个老鼠洞，便用木棍掏，终于把那份电文稿掏了出来。

原来，电文稿被老鼠叼进洞里了！这次经历让世英深受触动。自那之后，无论"平报""急报"，他都随到随译。他多次用这个教训告诫我们："要提高工作时效，及时传达党中央的声音。"

准确传递同样重要。一次，世英收到一件准备发往长江前线的电文稿，发现一处文字可能有误。他没有立刻处理，而是先请示报告，最后电文内容得到及时修改。

"一封电报，指挥千军万马，必须做到准确传递。"世英拿这件事提醒我们，一定要通读全文，确保理解电文内容后再校对检查、译成电码。

后来，我们更加深刻理解了这份工作的特殊性。那时，北平已经和平解放，我们心里很想去城里逛逛，但为严守党的纪律，那段时间我们从未下过香山。工作中，我们保守党的秘密，即便捷报传来，也从不交谈电报内容，但相互间发自心底的喜悦是能感受到的。

在工作中，我和世英相识相知。没有花前月下，但彼此心意相通，经受住了战火考验、岁月洗礼。1951 年 5 月 28 日，我和世英结婚。

婚后第三天接到组织命令，我和他一同参加抗美援朝战争。跨过鸭绿江，一路上遭敌机轰炸，好几次炮弹就在我们不远处落下，世英叮嘱我们保管好密码本——人在密码在，密码就是我们机要人员的生命！

1958 年 5 月，我们的两个孩子还在上幼儿园，世英接到去西北某部队执行任务的命令，没讲任何困难，打起背包就出发。去哪个部队、做什么，他没说，我也不问，一边做好工作，一边独自挑起照顾家庭的担子。几年之后，我才知道他是去参与原子弹试验基地建设。

"面对枯燥的机要工作与严格的组织纪律，有没有过后悔？"

"不问不说，严守纪律，做隐姓埋名人，我们干的就是这样的工作。"几十年来，无论工作还是生活，无论离休前还是离休后，赵天恩和丈夫从不交谈经手的具体电报、工作内容。"世英2018年去世，与他相依相伴67年，我真的很想念他。"老人话语平静。

这份平静里，透着信仰的力量。"回顾过去，我感慨自己是'幸存者、幸运者、幸福者'，有幸闯过了战火硝烟，参与过机要工作，更赶上新时代的幸福生活。"老人抬高了嗓音，"一辈子听党话、跟党走，跟对了！"

电波里的回响——如磐的初心融入老一辈共产党人的精神血脉，也激励着更多后来者

2021年2月22日上午，上海外冈游击队纪念馆广场，阮武昌脱去外套，换上挂满军功章的军服，为台下听众讲党课。

2021年2月18日，习近平总书记给上海市新四军历史研究会百岁老战士们回信。总书记在回信中指出："你们亲历了中华民族迎来从站起来、富起来到强起来伟大飞跃的历史进程，更懂得我们党的初心和使命""希望老同志们继续发光发热，结合自身革命经历多讲讲中国共产党的故事、党的光荣传统和优良作风"。

作为上海市新四军历史研究会的一员，阮武昌告诉我们，2021年3月底他为中国电信学院党员干部讲党课，主题就是"中华民族如何从站起来、富起来到强起来"，为此准备了好几个晚上。

"收到回信，研究会近千名新四军老战士都很振奋，更加积极地发挥余热。"上海市新四军历史研究会会长刘苏闽说，研究会已与40多个学校、街道等开展党建共建，2016年以来累计开展党史宣讲2100多场次，听众达40多万人次。

采访期间，我们看到不少老战士的演讲手稿、撰写的党史书籍、捐献的革命文物，其中香山革命纪念馆的一件珍贵藏品让人印象深刻。这是一枚中国人民解放军军徽样徽，由当年参与设计制作的97岁解放军老战士赵光琛捐献。纪念馆文物征集研究部副主任桂星星回忆，当他询问赵光琛是否愿意捐赠时，老人激动地说："我整个人都是党的，有什么不能捐？"

赵光琛老人的这句话，让人思绪万千。

时光流转，"嘀嗒、嘀嗒"的发报声已经远去，红色电波背后，如磐的初心融入老一辈共产党人的精神血脉，也激励着更多后来者。

为筹办电报展，查阅史料、核对文献，40岁的香山革命纪念馆编辑研究部负责人都斌常加班至深夜。工作中，他时常想起爷爷都德仁。

都德仁 1938 年参加抗日战争，那时候弹药匮乏，多少次子弹打光了，他就拿起刺刀和敌人近身肉搏。抗战胜利后，都德仁又参加了解放战争，历经大小战斗百余场。

2015 年，都斌把爷爷获颁的中国人民抗日战争胜利 60 周年纪念章捐献给了中国人民抗日战争纪念馆。他说，对爷爷那代人最好的纪念，就是讲好党的历史，弘扬和传承好革命精神，让更多的人从中汲取奋进力量。

2019 年 4 月，"90 后"杨佳萍入职香山革命纪念馆当讲解员。两年来，她印象最深的是这样一幕：一对 90 多岁的老战士夫妇，特意到纪念馆参观毛泽东同志香山时期发布电报手稿专题展览，他们挽着胳膊，认真观看。

对比刚入职时，杨佳萍如今更能理解这份工作的价值。撰写 1.7 万字的专题展览讲解词，她查阅了几十万字的党史资料，又根据专家和观众意见，前后改了 30 多稿。2020 年 3 月，纪念馆推出"云课堂"，她和同事通过在线直播，为 17 所学校的 3 万余名学生讲解了 17 场《为新中国奠基》主题展览。

采访中，刘苏闽的一席话引起我们的共鸣——我的爷爷、奶奶上世纪 20 年代参加革命，后来都英勇牺牲了。父亲 14 岁参加红军，历经许多次绝处逢生，一次炸弹在身边爆炸，几块弹片永远地留在了他的身上。母亲是新四军战士，好几次战斗中，子弹从她的头顶、耳边擦过。我后来也参军入伍，每当遇到急难险重任务，就会想起我的父母，告诉自己还有什么理由叫苦叫累，有什么理由害怕困难，有什么理由不珍惜岗位、坚决执行命令？

刘苏闽说，他把这些故事讲给我们，也要通过党史宣讲，讲给千千万万的青年听众。

"嘀嗒、嘀嗒……"红色电波永不消逝！

《人民日报》2021 年 5 月 7 日

一把军号退敌兵

/ 邝西曦

在中国人民革命军事博物馆，陈列着一把军号。它长 33 厘米、宽 10 厘米，金色号身上布满了绿色的铜锈。看似普通的军号，为何会被列为馆藏一级文物？因为它是决战时刻冲锋陷阵的精神指引，更是生死关头转危为安的制胜法宝。

这把军号曾经的主人，是中国人民志愿军二级战斗英雄郑起。1951 年 1 月，抗美援朝战争第三次战役釜谷里战斗中，郑起所在连队奉命夺取和守卫釜谷里南山阵地。战至 3 日下午，全连弹药耗尽，班以上干部全部牺牲，仅剩 7 人继续战斗。敌军再次发起进攻时，司号员郑起吹响了这把军号。听到气壮山河的号声，敌人惊慌失措，一时难辨虚实，以为志愿军要发起冲锋，纷纷掉头撤退。"一把军号退敌兵"，成为抗美援朝战场上的传奇之一。

号音激昂，承载着舍生忘死、向死而生的民族血性，标注着不畏强暴、反抗强权的民族风骨。"联合国军"第二任总司令李奇微曾在回忆录里这样描述志愿军的军号：只要它一响起，共产党军队全部不要命地扑向联军，每当这时，联军总被打得如潮水般溃退。的确，当冲锋号声在战场上响起，志愿军官兵就会不怕一切牺牲、不顾一切困难，坚决完成战斗任务。视号令重于生命的志愿军，让敌人胆寒。谈起当年的事迹，郑起总会说："那不是我一个人的功劳，是志愿军战士'一不怕苦、二不怕死'的战斗精神震慑住了敌人。"

号音悠长、穿越时空，伴随着人民军队从无到有、由弱到强。南昌起义的枪声、井冈山上的星星之火、六盘山中的"红旗漫卷西风"、占领南京的"百万雄师过大江"……红色足迹所到之处，皆有军号声声威震四方。美国记者埃德加·斯诺1936年在宁夏拍摄了一张名为《抗战之声》的经典照片。那个气宇轩昂、英姿勃发的"号手"，把红星照耀下奋发不屈的中国军人形象传递到了全世界。只要人在、号在，底气便在、阵地便在，斯诺由衷赞叹："这些千千万万青年人的经久不衰的热情，始终如一的希望，令人惊诧的革命乐观情绪，像一把烈焰贯穿着这一切。"

战争时期，军号是沙场点兵的"武器"；和平年代，号声是令行禁止的纪律。在风雨如磐的革命道路上，人民军队听令而行，坚信"只要跟党走，一定能胜利"。在强军兴军的伟大征程上，三军将士闻令而动，把号令意识融入军魂、注入血脉。随着我军司号制度恢复和完善工作全面展开，大江南北的座座军营再次吹响军号，在历史荣光中激扬"向前！向前！向前！"的壮志豪情，赓续"永远跟党走"的红色传统。

新长征路上，高昂的旋律回响在一个个没有硝烟的战场上空。听党指挥、能打胜仗、作风优良，革命军人的誓言分外响亮。英雄屹立喀喇昆仑，他们说"我们就是祖国的界碑"；逆行出征奔赴武汉，他们说"疫情面前，中国人民解放军誓死不退"；抗洪抢险昼夜不息，他们说"别怕，有我在"；练兵备战枕戈待旦，他们说"时刻等待祖国召唤"……嘹亮军号奏响时代强音，雄姿英发的人民军队必将所向披靡、无往不胜。

《人民日报》2021 年 5 月 31 日

"欲筑室者，先治其基"

/ 孟祥夫

"能否按期交党费""上级文件讨论了没有""每次决议完全执行了吗""支部有无工作计划"……江西省横峰县的中共闽浙赣省委机关旧址展示着一部《支部检阅大纲》，从 17 个方面对党支部的建设提出了具体要求。

欲筑室者，先治其基。在 1932 年，当时的闽浙赣革命根据地已相对稳固。为做好支部建设、党员教育工作，赣东北省委组织部在方志敏的支持下，出台了这部《支部检阅大纲》。作为对党支部进行巡查的一份指导文件，大纲语言通俗易懂，指导细致入微，容易操作执行，对根据地基层党组织建设具有积极意义。

一部党支部建设史，就是一部党的奋斗史和发展史的缩影。在革命年代，面对敌人围追堵截，如何站稳脚跟、发展壮大？加强党的自身建设是根本。作为党的肌体的"神经末梢"，基层党组织的建设至关重要。从党的四大将党的基层组织由党的"小

组"改为"支部",第一次把支部确定为党的基本组织,到 1927
年毛泽东创造性提出"将支部建在连上",开启党对军队的绝对
领导,抓支部建设是我们党由小到大、由弱到强,在挫折中奋
起、在战胜困难中不断成熟的一条重要经验。这部《支部检阅大
纲》,见证了一个在战火硝烟中成长起来的政党,时刻不忘加强
自身建设的行动自觉。

　　"能否按期开会"是《支部检阅大纲》的一条重要要求。按
期开会,就能及时开展党内政治生活。而开展严肃认真的党内政
治生活,正是我们党作为马克思主义政党区别于其他政党的重要
特征,是我们党组织教育管理党员和党员进行党性锻炼的主要平
台。长征途中,周恩来坚持过组织生活,他所在党小组的成员
坚定理想信念,一个不掉队,全部到达陕北。1938 年,朱德在
第 344 旅召开民主生活会,对个别党员干部的错误思想进行严肃
批评,解开思想上的"疙瘩",更好团结了同志。在百年征程中,
我们党形成了党内政治生活的优良传统,很多基层支部通过开展
民主生活会、组织生活会,使党员党性得到锤炼,灵魂受到洗
礼,思想得以净化,党组织也更加坚强有力。

　　小智治事,大智治制。党的十八大以来,以习近平同志为核
心的党中央推动全党形成大抓基层、大抓支部的良好态势。随着
《关于加强新形势下发展党员和党员管理工作的意见》《中国共产
党支部工作条例(试行)》等陆续出台,党支部建设朝着更加规
范化、制度化的方向推进。在农村,选派机关优秀干部担任第一
书记,推广"浙江经验 20 条";在城市,扩大商务楼宇、各类园

区、商圈市场、网络媒体等新兴领域党建覆盖；在国有企业，把党建工作要求写入公司章程，配备专职副书记……不断修订完善相关规章制度，助力各领域基层党组织不断强筋壮骨、工作效能整体提升。

"我们从当年的《支部检阅大纲》汲取到了开展党支部工作的'养分'。"横峰县坚持党建引领，不少村庄时下已发展成为远近闻名的幸福村。千千万万个党支部坚强有力的支撑，成为我们取得一个又一个成就的关键所在。回顾百年征程，从建党初期的几十个党组织，发展到拥有480多万个基层党组织的世界第一大党，中国共产党强基固本、筑牢堡垒、激发斗志，必将走向更加光辉的明天。

《人民日报》2021年7月9日

翻开《向导》看导向

/ 夏康健

在中共二大会址纪念馆，展出着一份《向导》周报的创刊号。时隔近百年，这份报刊发刊词里的话依然豪迈铿锵、振聋发聩。

《向导》周报从 1922 年 9 月创刊，到 1927 年 7 月停刊，201 期报纸记录了中国共产党人在第一次国内革命战争时期领导人民进行斗争的艰难岁月，以及上下求索探寻革命道路的历史轨迹。在反动势力的压迫下，编辑部多次迁移，但影响遍及城镇乡野；发行量从最初的数千份到最高时的近 10 万份，成为"中国革命运动中不可少的先锋"……不到 5 年的时间里，《向导》始终坚持正确的舆论导向，广受读者欢迎。

党报姓党，必须以党的旗帜为旗帜、以党的方向为方向、以党的意志为意志。《向导》致力于宣传党的纲领、路线、方针、政策，尤其是传播中共二大提出的民主革命纲领等相关主张。在当时的背景下，《向导》喊出"反抗国际帝国主义"等口号，找到了中国问题的症结，拨开思想迷雾，展现了中国共产党人的敏锐洞察力。《向导》勇立潮头、为党立言，在启迪人民群众等方面发挥了巨大作用。

人心是最大的政治。把握正确舆论导向，必须抓住"人心"这个关键。从内容上看，增设"读者之声"栏目，刊出读者来信120件，聆听读者心声，反映民众呼声；从文风上说，不用高深理论，以图片报道摆事实、以通俗语言讲道理……《向导》始终和工农大众站在一起，以正确舆论引导群众。从详细报道二七罢工，到积极指导五卅运动开展，再到热情支持湘赣等地农民运动，《向导》反映人民意愿、回应人民关切、运用人民语言，引领一批批工农群众踏上救国救民的革命征程。

"手无寸铁兵百万，力举千钧纸一张。"新闻舆论工作，事关道路和方向，事关人心和士气，事关中心和大局。从《热血日报》向参加五卅运动的群众揭露帝国主义罪行，到《红色中华》报积极组织苏区人民参加政权建设，再到《解放日报》为争取抗日战争和解放战争的胜利鼓呼，党报党刊始终胸怀大局、把握大势、着眼大事，不断传播真理、组织群众、推动工作，形成"唤起工农千百万，同心干"的强大力量。

90多年前，《向导》周报成为四万万苦难同胞思想上的"向导"。今天，在全媒体时代，舆论生态、媒体格局、传播方式发生深刻变化，社会观念多元、利益诉求多样，主流媒体更加需要发挥"定海神针"的作用。讲导向不含糊，抓导向不放松，以正确舆论导向凝聚"心往一处想，劲往一处使"的合力，定能续写新闻舆论工作的辉煌篇章。

《人民日报》2021 年 9 月 15 日

一面青砖墙，浓浓鱼水情

/马 原

坚持人民至上、紧紧依靠人民、不断造福人民、牢牢植根人民，党才能不断发展壮大；始终与人民心心相印、同甘共苦、团结奋斗，党才能永葆生机活力

在河南新县鄂豫皖苏区首府革命博物馆，有一面青砖墙，墙上刻着《中华苏维埃共和国土地法》，现为国家一级文物。由于年代久远，墙上的很多字迹已经模糊不清，而它背后的故事，至今仍在流传。

当年，面对国民党反动派的"围剿"，为了确保墙面不被发现，方湾村农民方明周与其他村民以茅草糊墙面、在墙外堆柴草，厚厚的草糊壳形成了天然保护层。随后十几年间，方湾村百余名群众为革命流血牺牲，所有人都守护着这个秘密。20世纪60年代，方家后人修葺老屋，砖墙方才重见天日，后转入博物馆保存。泥巴护墙，彰显出人民对共产党的信任与拥护。

青砖墙上的"土地法",让群众分得土地;鄂豫皖苏区政府开办中小学、夜校、识字班,教农民识字读书,让群众增知识、长见闻;《红军纪律歌》《土地革命成功了》等歌曲朗朗上口,纪律严明的革命队伍斗志昂扬,让群众看到了红军的风貌……正因如此,老百姓不仅相信红军这支队伍,也毫无保留地支持这支队伍。

军民一心,无往不胜。大别山这片热土,镌刻着奉献牺牲,传承着红色基因。从1921年11月陈潭秋成立两个党组织,到创建仅次于中央苏区的第二大革命根据地鄂豫皖苏区革命根据地,再到诞生红四方面军、红二十五军、红二十八军等多支主力红军……当时人口不足10万的新县为革命牺牲了5.5万人,大别山也创造了"28年红旗不倒,火种不灭"的奇迹,可谓"家家有烈士,户户有红军"。

我们党来自人民、植根人民、服务人民,党的根基在人民、血脉在人民、力量在人民。八七会议确定开展土地革命,"打土豪,分田地";抗战期间实行减租减息政策、解放战争时期开展土地改革运动,充分调动群众的积极性;改革开放以来推行家庭联产承包责任制、取消农业税、推进乡村振兴等,让农民发展天地更宽广……回溯历史,党围绕土地所采取的一系列举措,都是要团结带领群众过上好日子。历史和现实充分证明,坚持人民至上、紧紧依靠人民、不断造福人民、牢牢植根人民,党才能不断发展壮大;始终与人民心心相印、同甘共苦、团结奋斗,党才能永葆生机活力。

一面青砖墙，见证了时代的风云变幻，记录了红军对百姓的庄重承诺，也承载了大别山儿女永远跟党走的坚定信念。从红色历史中汲取前行动力，激扬奋进的精气神，我们必能走好新时代的长征路。

《人民日报》2021 年 6 月 24 日

296块补丁照见奋斗征程

/ 徐驭尧

　　新疆生产建设兵团军垦博物馆珍藏着一件褪了色的军大衣，它是国家一级革命文物。大衣已经洗得发白，衣袖也因为一层又一层的补丁而变得僵硬。展开大衣，绿的、红的、蓝的、灰的……大大小小的补丁足足有296块，原有的羊皮里子多已看不出来。296块补丁，无声讲述着一代代屯垦人扎根边疆、艰苦奋斗、无私奉献的动人诗篇。

　　饱经沧桑的军大衣，印刻下时间的痕迹，也映照着一段波澜壮阔的历史。1954年，新疆军区生产建设兵团成立，拉开了新中国屯垦戍边历史伟业的序幕。一批又一批军垦战士从祖国各地来到新疆，在"地上不长草，天上无飞鸟，风吹石头跑"的戈壁荒原上开垦耕种。除了极其恶劣的自然条件，战士们还要克服异常艰苦的生产生活条件。屯垦伊始，农具不足，就用旧兵器打造；缺乏耕畜，就肩拉铁犁，手抡"砍土曼"（一种形似锄头的农具）；没有油和柴，就用盐水掺着苞谷面凑合吃……为了节约资金用于生产建设，军垦战士们从不主动要求领取新军装，而是把已经磨烂的军装缝了又缝、补了又补。一个个补丁，浓缩的是一段战天斗地的奋斗史，是那段筚路蓝缕的峥嵘岁月。

"戈壁惊开新世界，天山常涌大波涛。"正是凭借坚定的理想信念，一代代兵团人屯垦戍边，成为巩固边防、开发新疆的生力军。正是靠着艰苦奋斗、牺牲奉献的精神，几代兵团人创造了令人刮目相看的发展奇迹：新疆每3亩耕地中有1亩是兵团开垦的；新疆粮食产量的19.9%、油料产量的30%、甜菜产量的44.5%来自于兵团；全国最大的棉花生产基地在兵团，兵团棉花单产多年保持全国纪录……曾经的披荆斩棘，换来了今天的黄沙披绿、稻麦飘香、果树成行、银棉如山。一座座现代化新城拔地而起，是一代代屯垦人在瀚海戈壁铺展的壮美画卷。在几代人的接续奋斗中，褪色的是一件件衣裳，成就的是天山南北的美好生活。

一件军大衣，见证了精神的传承。"黄棉袄我的宝，春夏秋冬离不了，冬天穿它挡寒冷，夏天带它铺地隔湿潮。"面对前来参观的游客，80多岁的胡有才回忆起当年战士们编的一段话。作为最早一批参加新疆生产建设的战士，胡有才退休后又当起了军垦故事讲解员。一件件红色文物穿越时空、一个个真实故事引人入胜，让参观者对那段历史有了更加真切的感受。通过一代代讲解员的接力讲述，红色的种子在越来越多人心中生根发芽。

"我到过许多地方，数这个城市最年轻，它是这样漂亮，令人一见倾心。不是瀚海蜃楼，不是蓬莱仙境，它的一草一木，都由血汗凝成……"诗人艾青这样礼赞兵团人创造的人间奇迹。把戈壁变成良田，把荒漠变成绿洲，这奇迹里，有丰富的物质财富，也有宝贵的精神财富。奋进新征程，从打着 296 块补丁的军大衣中汲取精神给养，这片广袤的土地定能孕育新的更大奇迹。

《人民日报》2022 年 1 月 13 日

一口米缸映照严明纪律

/ 王　帅

　　在江西井冈山革命博物馆，一口棕黄色的陶质米缸静静伫立。鼓腹、曲颈、圆口、竖条纹的米缸，历经90多年的岁月洗礼已然陈旧斑驳，表面还有一条狭长的裂痕。这口农家米缸虽然看似寻常，却是中国共产党领导的人民军队遵守群众纪律、维护群众利益的有力见证。

　　越是艰苦条件下的选择和坚守，越能照见一支队伍的宗旨和本色。1927年9月下旬，秋收起义部队在进军井冈山途中驻扎在江西莲花县甘家村。这时，匆忙赶路的部队已经断粮，战士们又累又饿，疲惫不堪。为解燃眉之急，炊事班长在没见到老乡的情况下将找到的半缸大米做成了米饭。毛泽东得知此事后批评了炊事班长，并严肃申明革命纪律，责令部队务必照价赔偿。于是队伍在离开时留下了一封道歉信，并把一床棉絮卷好放在米缸里，用来抵米钱。这口米缸后来成为村民的传家宝，而战士们即使在

238

极端困难的环境下也始终把人民群众利益放在心上的动人故事，在口耳相传中流传至今。

一口米缸映照出的群众纪律，在井冈山革命斗争时期演变为"三项纪律""六项注意"，并逐步发展完善为"三大纪律、八项注意"。纪律严明也成为党和人民军队的光荣传统和独特优势。不拿群众一针一线、一个红薯，不损坏群众一块门板，所到之处秋毫无犯，体现了人民军队与旧式军队的本质区别。"红军纪律真严明，行动听命令，爱护老百姓，到处受欢迎"，一首流传于井冈山根据地的歌谣唱出了群众的心声。正是因为纪律严明，我们党才能在极端困境中发展壮大，并激励越来越多贫苦农民义无反顾加入红军队伍，让革命的力量不断壮大。

不论是在江西井冈山还是陕西照金，不论革命发展到什么阶段，严明的纪律规矩始终是流淌在我党我军血脉里的红色基因。1949 年 5 月杭州解放后，进驻市区的解放军因为当时币值尚未确定便暂不买菜，宁愿以盐水下饭。作风优良，无怪乎当时市民称赞"你们太好了，谁不拥护呢"。铁的纪律成就了血浓于水的党群关系、干群关系和军民关系，铸就了党和人民军队无往不胜的凝聚力和战斗力。

我们党是靠革命理想和铁的纪律组织起来的马克思主义政党。百年来，一代代中国共产党人在各种诱惑和困难面前严守纪律、坚守底线，离不开理想信念的支撑。夏明翰就义前留下"砍头不要紧，只要主义真"的感人诗句；陈树湘断肠明志，无愧于"为苏维埃流尽最后一滴血"的铮铮誓言；焦裕禄直到生命最后一刻"心中装着全体人民、唯独没有他自己"……对马克思主义的信仰，对社会主义和共产主义的信念，是共产党人的政治灵魂和经受住各种考验的精神支柱，也构成了共产党人铁一般纪律、铁一般担当的动力之源。新征程上，从革命文物和党史故事中汲取智慧力量，全面加强党的纪律建设，推进全面从严治党，就一定能有效应对前进道路上各种可以预料和难以预料的风险挑战，实现我们的奋斗目标。

《人民日报》2022 年 2 月 14 日

华北抗战的真实记录

/ 陈　亮

坐落于北京卢沟桥畔宛平城内街 101 号的中国人民抗日战争纪念馆，1987 年对外开放。馆内展览以"铭记历史、缅怀先烈，珍爱和平、开创未来"为主题，全景式展现了中华儿女共赴国难、英勇抵抗日本军国主义侵略的可歌可泣的历史。

中国共产党领导的华北军民是如何战斗、学习和生活的呢？纪念馆珍藏的《一二〇师在华北》大型系列木刻组画，细致入微地描绘了华北战场的历史场景。

组画由八路军第 120 师司令部政治部秘书李少言创作，原有 42 幅，只有 34 幅保存下来。每幅木刻由晋绥根据地特有的麦秆和马兰草混合制成的土纸贴裱，边区自制油墨印制，下方有李少言手写的标题及内容。组画《雁门关战斗》《陈庄战斗》《水上游击战》等再现了八路军浴血奋战的激烈场景；《运动大会》《斗笠》《捉汉奸》《统一战线工作》等反映了华北战场的方方面面；

《学习》《传达》等突出了八路军注重思想政治学习的优良作风；《露营》《夜行军》《野外演习》等刻画了八路军艰苦的军旅生活。整套作品结构巧妙，刀法细密，线条流畅，朴实无华。

这套木刻组画是为迎接党的七大召开而精心创作的。师长贺龙、政委关向应非常关心组画的创作工作，对李少言的每一幅草稿都不止一次提过建议。组画内容丰富，生动全面反映了第 120 师在华北战场抗击日寇、创建晋绥根据地的战斗生活。从 1940 年 1 月至 1941 年 2 月，创作期间经过两次反"扫荡"战役，每一幅木刻都是在行军打仗间隙构思、刻制、修改完成的，都经过抗日硝烟的熏染。它们不但是珍贵的革命文物，也是红色艺术珍品，被誉为"美术的黄河大合唱"。

1940 年 2 月 1 日冀热察挺进军司令员萧克给中央军委的报告手稿，见证了抗日根据地开辟和发展的艰辛。手稿用小楷毛笔写在 8 张毛边纸上，纸张已有些发黄，部分印有水渍，虽有大量修改涂抹痕迹，字迹仍清晰可辨。报告叙述了冀热察游击战争发展形势，认为游击战争大有前途。2 月 10 日中央军委的回电抄件，用蓝色钢笔书写在电报方格纸上，字迹工整。回电抄件肯定了萧克的报告并指示："同意你们的计划是完全正确的，望遵此坚决执行"。这些报告手稿和回电抄件是极为珍贵的革命文献。1939 年 2 月，八路军冀热察挺进军成立，经过广泛调研、仔细分析，确立了"巩固平西抗日根据地，坚持冀东游击战争，发展平北新的游击根据地"的方针。经过一年多艰苦卓绝的斗争，1941 年平西、平北、冀东终于连成一片，形成三大块互相邻近的抗日根据地，牵制了北平、天津、唐山、张家口、承德等地数量庞大的日伪军。三块根据地互为犄角，使日伪占据的北平古城完全处于八路军包围之中。

展柜里还陈列着一件对于今天大多数人来说非常陌生的器物——煎饼鏊子。它的主人叫邓玉芬，是北京密云张家坟村的一名普通农妇。邓玉芬经常冒着生命危险掩护救治八路军和县区干部。密云山区条件艰苦，身体虚弱的八路军伤病员长期食用粗粮，不但难以下咽，营养也跟不上。邓玉芬特意养了几只母鸡，用鸡蛋给他们补养。她按以前贫苦人家改善生活的办法，粗粮细作，找来煎饼鏊子，支上火，将小米、玉米等配上鸡蛋，做成营养丰富、香甜可口的厚煎饼给伤病员吃。而她自己和孩子们则以粗糠、树叶、野菜搭着充饥。邓玉芬被誉为"英雄母亲"，她誓死不当亡国奴，把丈夫和 5 个孩子送上前线，他们全部战死沙场。锈迹斑斑、制作简陋的煎饼鏊子，是八路军与人民群众鱼水深情的历史见证。

6700 平方米的展厅内，1170 幅照片、2834 件文物和大量视频影像，每一件展品背后都有感人的故事，让人们牢牢铭记这段历史。

《人民日报》2022 年 9 月 3 日

一份红军布告里的长征故事

/ 刘 恒

2025 年是遵义会议召开 90 周年。为了纪念这一特殊的日子，贵州省博物馆特精选了 38 件反映红军长征过贵州的文物，以"文物里的长征"为主题展出。此批文物既有红军宣传书写的文书布告、木板标语、印章传单等；也有反映贵州民众支援红军的文物，多角度地展示了红军长征过贵州的壮举。

1935 年底，红二、红六军团撤出湘鄂川黔革命根据地，开始向西战略转移。1936 年 1 月进入贵州黔东地区，2 月 3 日，红二、红六军团占领了乌江西岸的黔西县，随即召开会议，成立"中共川滇黔省委和中华苏维埃人民共和国川滇黔省革命委员会"。《中华苏维埃人民共和国川滇黔省革命委员会布告》（第四号），现藏于贵州省博物馆，为国家一级文物。布告所署时间为"公历一九三六年二月二十一日"，钤有"中华苏维埃人民共和国湘鄂川黔省革命委员会"的朱文大圆印。左下角三行署名分别为：主席 贺龙、代主席 陈希云、副主席 朱长清。

布告详细阐述了红二、红六军团在贵州黔西北地区建立革命根据地的宗旨，明确提出反蒋抗日的救国主张，即"我红二、红六军团为着挽救中国之危亡，数年来与蒋介石进行不断的流血的艰苦的战争，此次转战千里进入川滇黔边，担负着扩大抗日反蒋的民族革命战争的神圣的光荣的责任，在川滇黔边创造抗日的苏维埃区域与扩大抗日的红军，联合一切反日反卖国贼的势力共同挽救中华民族之危机"。根据这一宗旨，联合一切力量，发动群众，建立抗日武装。根据地领导人贺龙、王震等拜访当地很有名望的民主人士周素园。周素园曾为辛亥革命时期贵州的主要领导人，出任过大汉贵州军政府行政总理。辛亥革命失败后退出政坛，归居家乡，思考探寻救国之路。红二、红六军团的到来，让周素园看到了希望。周素园受新的政权之邀，召集民众，组织抗日武装。以原有的中共贵州省工委掌握的三支武装力量为基础，迅速组建了贵州抗日救国军，周素园出任司令。在革命政权和各方爱国人士的组织下，根据地各地相继成立了抗日救亡委员会、抗日救国团、抗日大同盟等爱国抗战团体。

《中华苏维埃人民共和国川滇黔省革命委员会布告》（第四号）还宣布了七条施政方针：一、建立抗日民族统一战线和组织各级革命政权；二、组织民众抗日武装力量；三、取消一切苛捐杂税；四、改善人民生活；五、保证红军和民众的物质供给，保护、发展生产；六、提高群众的文化教育水平；七、惩治反革命和汉奸。

在红二、红六军团创建黔西北革命根据地的斗争中，扩大了中国共产党和红军的影响。大定县（今大方县）的群众成立了拥护红军委员会，积极支持红军。该委员会发布了欢迎红二、红六军团的布告，该布告保存至今。各地老百姓还组织众多的担架队、妇女队、儿童团，做好各项后勤工作，配合根据地的红军作战。大定、毕节两县的苏维埃政府发动全县的裁缝和妇女日夜赶制军装 2 万套，解决了红军缺乏冬装的问题。群众踊跃参加红军，出现了父子、兄弟、夫妻争相参加红军的感人场面。据不完全统计，毕节地区参加红军人数达 5000 余人。

这份在毕节城内文顺石印局印制的《中华苏维埃人民共和国川滇黔省革命委员会布告》（第四号），内容十分丰富，既可作为反映"川滇黔省革命委员会"客观存在的实物见证，又是研究它的历史任务和革命活动的重要文献资料。

《人民日报》2025 年 1 月 25 日

抗联歌集里的历史图景

在东北烈士纪念馆有一本《东北抗日联军歌集》，完整保存了抗联将士的精神图谱。这本歌曲集长19.5厘米、宽13.5厘米，蓝色油墨印制。由于年代久远，纸张泛黄，有几张已碎裂，部分字迹模糊。末尾两首歌用蓝墨水书写在红格信纸上。封皮是五线谱纸，以白纸绳装订。封面写有"东北抗日联军歌集 一九四〇年七月七日印"字样。

1940年夏，抗联三路军总指挥部在德都县（今黑龙江省五大连池市）北部朝阳山密林后方基地举办军政干部训练班。总指挥部机要秘书兼电台台长崔清洙收集整理部队传唱的革命歌曲，手工刻印成册分发给指战员。女战士李敏冒着战火保存下这本歌集，1948年捐赠东北烈士纪念馆，是现存唯一完整版本。

歌曲集录有48首革命歌曲，作者大多是抗联将士和革命群众。有的转自关内的抗日救亡歌曲，如《义勇军进行曲》《国际歌》《红旗歌》《新女性》等。歌曲内容是抗联将士战斗生活的真实再现，几乎包括了东北抗联 14 年苦斗的各个方面。

一是控诉侵略暴行。为长期霸占中国东北，日本侵略者炮制伪满洲国政权，形成一套严密的军、警、宪、特统治机构，对东北抗联进行残酷镇压，为隔断东北抗联与群众的联系，实行残酷的集团部落制度归屯并户，给东北人民造成深重的苦难。抗联将士在《救国雪耻》中控诉："万恶日帝狡猾毒辣，归屯策收财产无辜遭屠杀……"《九一八事变》《东北悲响》《国耻纪念歌》《反日四恨》等创作于密林深处的战歌，既是文化反击，更是唤醒民众的号角，彰显东北人民不畏强暴的爱国精神。

二是再现战斗生活。李兆麟等人创作的《露营之歌》生动描绘了抗联部队西征的战斗与生活，成为将士们肩负起民族解放重任和奋勇向前的号角。《露营之歌》写道："铁岭绝岩，林木丛生，暴雨狂风，荒原水畔战马鸣……"再配以古曲"落花调"，歌曲写成后，迅速在东北抗日联军各部队中传唱开来。

抗联部队日常军事训练的内容也有所体现，如《战斗歌》《从军行》《杀敌歌》《冲锋号》《战斗职责》《战斗射击》。在《战斗射击》中的"战斗时杀敌时沉着""射击时要先测量""发射时停止呼吸"等内容，多角度生动再现了抗联战士射击训练的场景。

白山黑水间，东北抗联采用伏击战、奔袭战等游击战术与日本侵略者展开殊死斗争。歌曲记录了杨靖宇、赵尚志、李兆麟等抗联将领对抗日游击战的总结。其中，杨靖宇创作的《四季游击》反映了抗联春夏秋冬四季的游击生活，歌词最后一段写道：
"雪地游击我们有特长，穿踏板，扶长杆，不用喂草粮。登高岭，
走洼甸，步履比马快"，反映了抗联冬季采用滑雪方式开展游击
战的场景。

三是军事纪律建设。东北抗联是党领导的抗日部队，纪律建
设是部队工作的重要环节。歌曲则成为向广大战士简明阐述纪律
要求的方式。比如《十大要义歌》，将"三大纪律、八项注意"
转化为通俗易懂的歌词："舍己为群，忠贞坚毅，服从命令，遵
守纪律。"

这本泛黄的歌集不仅是音乐文献，更是解读东北抗战的"精
神密码"。它记载了 3 万将士减员至千人的悲壮历程，见证着杨
靖宇、赵尚志等民族英雄的精神轨迹。每首歌曲都是鲜活的历史
切片，从军事训练到群众工作，从战术总结到理想信念，全方位
勾勒出抗联斗争的历史图景，是在抗日战争洪流中锻造出的珍贵
作品。

《人民日报》2025 年 4 月 26 日

人们从未忘记中山舰

/ 田豆豆

　　时光荏苒，人们从未忘记中山舰。1997 年，长眠于长江江底近 60 年的中山舰被打捞出水，成为中国最大的可移动抗战文物。如今，修复后的中山舰承载着历史的烽烟，被静静安放在武汉市中山舰博物馆。

　　中山舰原名永丰舰，于 1910 年由清政府从日本订购。当时，清政府投巨资建立的中国海军，经过 1894 年中日甲午战争，其主力损失殆尽。"永丰舰就是为重建海军而生。"武汉市中山舰博物馆馆长刘新阳介绍，1911 年辛亥革命爆发，永丰舰于 1913 年竣工，由中华民国支付尾款接收并编入海军。由于永丰舰曾在孙中山先生领导的"护法运动"等历史事件中立下赫赫战功，为纪念孙中山先生，永丰舰改名中山舰。

　　1938 年，武汉会战前夕，中山舰担任从嘉鱼、新堤到金口一带的航道封锁任务。中山舰舰长萨师俊出身于海军世家，牢记

"文官不爱钱，武将不惜死"的家训，积极抗日。由于中日双方实力悬殊，短期之内，中国海军主力舰艇几近摧毁。萨师俊曾悲愤地说："只有建设强大的海军，才能拒敌于国门之外，才能维护民族的独立和自由。"

1938年10月24日，中山舰在武昌金口附近江面执行任务时，被日机发现。日军6架水上轻型轰炸机飞临中山舰上空，轮番对其发起攻击。炸弹如雨点般从空中落下，中山舰多处被炸起火，整个舰艇被笼罩在滚滚黑烟中。但舰长萨师俊毫不退缩，率领官兵进行顽强抵抗。"当时，中山舰的主副炮已经被拆下并移装到陆上长江要塞，以增加陆上防卫力量，所以中山舰反击能力很弱。在没有空中支援的情况下，中山舰的结局几乎是毫无悬念的。"刘新阳说。

中山舰上，有两处巨大弹坑。一处位于船身，巨大的钢板已深深凹陷并破裂，可以想见汹涌的海水可从此长驱直入；另一处位于指挥台附近，弹坑周围，地板破碎，地板的连接线像一朵巨大的喇叭花从里向外放射。"日军做足了'功课'，每一次炮击都直击中山舰的关键部位。"刘新阳说。

萨师俊右腿被炸飞、左腿遭巨创，倒在血泊中，他强忍剧痛，靠在瞭望台栏杆上，继续指挥作战。副舰长吕叔奋见舰艇将倾覆，急忙令航海官先送萨师俊和伤员离舰。萨师俊却说："身为舰长，弃舰就是偷生，这是我成仁取义的时候。"他执意不离开，却劝其他人尽快离去。无奈之下，部属们强行将萨师俊抬到小舢板上。当敌机发现小舢板准备载人离舰时，又对小舢板进行了疯狂轰炸，萨师俊和舰板上的 20 余人全部壮烈牺牲。随着轰然巨响，中山舰沉入湖北省武昌县金口镇龙床矶长江水底。

武汉会战是抗战以来持续时间最长、战场最广、规模最大的一次会战，历时 4 个多月，日军"速战速决"的迷梦彻底破灭。中山舰沉没后不久，武汉会战结束。中国抗日战争由战略防御阶段转入战略相持阶段。

1986 年 5 月，湖北省文物部门向国家文物局正式提出动议：打捞中山舰。1988 年，国家文物局批复同意。1988 年 5 月、1994 年 3 月，海军南海舰队和北海舰队对中山舰进行了两次水下探摸，探明了中山舰的沉没方位等重要信息，在舰尾右侧还发现"中山"两字。1995 年和 1996 年，重庆长江救助打捞公司再对中山舰进行了水下探摸。1996 年 11 月，在孙中山诞辰 130 周年之际，中山舰打捞工程正式启动。1997 年 1 月 28 日，中山舰被整体打捞出水。这艘见证了中国近代史的一代名舰，终于重见光明。中山舰及其出水文物近 6000 余件（套），为我国近代海军发展历程、民族工业发展状况、中西方文化交流等多领域研究提供了宝贵资料。

1997 年，"中山舰修复保护方案论证会"召开。当时专家议定，应尽量按原有材料、工艺，将舰船恢复到 20 世纪 20 年代中山舰的原貌。鉴于舰体外壳板损坏严重，最终各方放弃了在浮船坞上展示中山舰的方案。2001 年底，修复工程完工，2008 年，中山舰被迁移至为其度身定制的武汉市中山舰博物馆内。2011 年，武汉市中山舰博物馆对外开放。

在建筑形似战舰的武汉市中山舰博物馆里，人们可以近距离观察修复后的中山舰，感受其雄伟的舰体和精密的构造，在讲解员的引导下，深入了解中山舰在中国近代史上的重要地位和作用。两处巨大的弹孔创痕依然保留，向后人传递着不屈的民族精神。

《人民日报》2025 年 5 月 24 日

记录南京大屠杀的马吉摄影机

是历史之证，更是和平之志

/ 周　峰

侵华日军南京大屠杀遇难同胞纪念馆的"南京大屠杀史实展"里，拍摄于 1937 年 12 月的南京大屠杀幸存者照片，揭露了那场灭绝人性的法西斯暴行，也警示着历史不容忘却。记录下这些照片的载体——马吉摄影机及其胶片，同样陈列在展厅之中。这件国家一级文物是侵华日军南京大屠杀遇难同胞纪念馆的镇馆之宝，入选了《世界记忆名录》。

约翰·马吉，1884 年生于美国匹兹堡，1912 年作为美国圣公会的牧师来到南京。1937 年 8 月 15 日，侵华日军首次空袭南京。11 月 22 日，留在南京的中外人士组建南京安全区国际委员会，马吉成为委员，多次开车运送伤员。12 月 13 日，南京沦陷，国际红十字会南京分会当日成立，马吉担任主席，在教堂、住宅、洋行等地收容保护难民，还用摄影机拍摄了日军的暴行。1940 年马吉回国，1946 年他赴远东国际军事法庭为南京大屠杀案作证，1953 年在匹兹堡病逝。

马吉摄影机及胶片流传的经过，也是南京大屠杀史实在国际上传播的过程。1938 年 1 月，担任南京安全区国际委员会总干事的美国牧师乔治·费奇利用去上海采购食品药品的机会，把马吉的胶片缝在大衣衬里，秘密带出南京。费奇到上海后，与英国《曼彻斯特卫报》记者田伯烈一起到柯达公司制作了 4 份拷贝，分别由国际人士带往美国、德国、日本等地放映。影片中的画面还被翻拍成照片，其中 10 幅刊登在 1938 年 5 月的美国《生活》杂志上。

二战结束后，马吉摄影机淡出人们的视线，直到 20 世纪 90 年代，在美国"南京大屠杀受难同胞联合会"会长邵子平等人的不懈追寻下才重见于世。2002 年，约翰·马吉的儿子大卫·马吉将摄影机及胶片捐赠给侵华日军南京大屠杀遇难同胞纪念馆。此后，工作人员对胶片进行了数字化转录。

约翰·马吉留下的这份南京大屠杀真实影像，具有重要的历史意义。影片真实记录了侵华日军实施南京大屠杀的残暴行径。身中 30 多刀在医院接受治疗的幸存者李秀英，幸存者夏淑琴一家 7 人被害后的情景，美国医生罗伯特·威尔逊在鼓楼医院救治中国人的画面……每一帧都是历史再现。东京审判时，约翰·马吉就日军在南京的暴行出庭作证。1947 年，南京审判战犯军事法庭在审判南京大屠杀案主犯谷寿夫时，播放了导演弗兰克·库柏编导的影片《中国的战争》，其中有不少是马吉拍摄的镜头。马吉的证词和影片，表明南京大屠杀惨案铁证如山，成为东京审判和南京审判的有力证据。2002 年以来，这件文物向前来参观的 100 多个国家的 1 亿多人次静静讲述着那段人类历史上十分黑暗的一页。

历经半个多世纪，马吉摄影机及影片依然具有独特的时代价值。影片呈现的南京大屠杀真实场景，是对一切否认和美化南京大屠杀历史的最有力回击。近年来，侵华日军南京大屠杀遇难同胞纪念馆携带马吉摄影机模型，在西班牙、匈牙利、法国、捷克、白俄罗斯等国举办展览，并出版《人类记忆：南京大屠杀实证》英、日文版等书籍。纪念馆还开展国际和平教育项目"紫金草国际和平学校"，已有 80 多个国家和地区的 6000 多名青年观看马吉影片；47 个国家的 470 多名青年成为纪念馆的"紫金草国际志愿者"，向外籍观众讲解马吉摄影机，用"世界语"传播这段"世界记忆"。

南京与马吉家族的友谊已延续至第四代。约翰·马吉的孙子克里斯·马吉参加南京大屠杀死难者国家公祭仪式。他还沿着祖父的足迹，在南京举办了"历史·和平·发展——马吉祖孙的南京影像"展览，透过镜头，将现代南京与历史上的南京进行了鲜明对比。

讲好马吉摄影机背后的故事，就是以准确的史实弘扬正确的二战史观，让铭记历史、珍爱和平的理念深入人心。正如约翰·马吉在影片解说词中所写："把这些场景拍摄下来，并不是为了煽起对日本的复仇情绪，而仅仅是希望所有的人，包括日本人在内，牢记这场战争的可怕后果。"

以史为鉴才能面向未来——马吉摄影机及其胶片，不仅是历史之证，更是和平之志。

《人民日报》2025 年 6 月 7 日

八年对日作战十万余次，
铸就光耀千秋的太行精神

英勇八路军　血肉筑长城

/ 郑海鸥

"我们在太行山上，我们在太行山上；山高林又密，兵强马又壮！敌人从哪里进攻，我们就要它在哪里灭亡！"

一场大雨过后，山西长治市武乡县阳光正好。刚走进八路军太行纪念馆，就传来了数名参观者齐唱《在太行山上》雄壮有力的歌声。眼前的正面墙体上，"太行精神光耀千秋" 8 个大字，熠熠生辉。

太行精神是在国家和民族处于危亡的关键时刻，中国共产党人领导太行儿女展现的不怕牺牲、不畏艰险的革命英雄主义精神，是在极其艰苦条件下展现的百折不挠、艰苦奋斗的精神，是为民族解放展现的万众一心、敢于胜利的精神，是为人民利益展现的英勇奋斗、无私奉献的精神。

八路军太行纪念馆是全国唯一一座全面反映八路军抗战历史

的大型革命纪念馆。6554 件抗战文物、134 件国家一级文物，讲述了抗日战争全面爆发后，八路军强渡黄河，挺进山西，依托太行山脉建立敌后抗日根据地的英雄故事……

太行浩气传千古，留得清漳吐血花——传承英雄精神，不怕牺牲、不畏强暴

"八路军，军威震天。正义之师，敌人闻风丧胆！" 2025 年 5 月 9 日，来自河南的 90 后参观者于春彦早早来到了八路军太行纪念馆，于他而言，纪念馆里处处都是英雄气、正能量，"当中华民族到了最危险的时候，谁挺起了脊梁？其中就有八路军！"

1937 年 7 月 7 日，日本侵略者制造了震惊中外的卢沟桥事变，中国人民抗日战争全面爆发。8 月，红军主力改编为国民革命军第八路军，举行抗日誓师大会之后，即东渡黄河，开赴华北抗日前线。

跟随展览，人们的思绪被带回到那个烽火硝烟的抗战年代——平型关大捷、雁门关伏击战、夜袭阳明堡，八路军一次次打击了日本侵略军的嚣张气焰，鼓舞了全国人民的抗日斗志；开展敌后游击战争，八路军总部辗转陕、晋、冀 3 省的 35 个县市，战略行程 4300 余里，指挥驰骋华北战场的八路军雄师浴血鏖战……

在夜袭阳明堡的黑白照片前，讲解员魏巍停下脚步，"接近日本飞机这个庞然大物时，八路军战士有的拿铁锹猛砸、有的端起机枪猛烈射击、有的把一颗颗手榴弹投向机舱，还有的把集束手榴弹绑在身上跳进飞机……以 30 多名战士的生命，换来了战

斗的胜利。"

听到这里，不少参观者的眼眶湿润了。"'狼牙山五壮士'面对敌人步步逼近，宁死不屈，纵身跳下数十丈深的悬崖；在十字岭突围战斗中，一颗炮弹落在左权将军身旁，他不幸以身殉国，年仅 37 岁……八路军将士作出了巨大牺牲。"于春彦说。

许多参观者在纪念馆的一处仿真景观设置前驻足，这就是"黄崖洞兵工厂"。黄崖洞地处太行山脉，地形险要，易守难攻，八路军在这里创建兵工厂，每年生产的武器可装备 16 个团。

1941 年，敌人蜂拥而上，为保卫黄崖洞，守卫的战士都倒下了，只剩下小号手崔振芳孤身战斗。整整 7 天 7 夜，他投出 100 多枚手榴弹，直到武器打光，人也累得爬不起来了，不幸被流弹击中。

"这把崔振芳手握的军号，见证了其以一当百的骁勇事迹，见证了英雄儿女们可歌可泣的铁血之战。"魏巍问大家，"支撑八路军不畏血与火的精神是什么？"

"是爱国爱党的热忱""是中华儿女不怕牺牲、不畏强暴的意志"……大家你一言我一语，作答坚定有力。

"太行浩气传千古，留得清漳吐血花。"8 年时间，八路军将士对日作战共计 10 万余次，毙、伤、俘日、伪军 125 万余人。有 34 万名八路军将士血洒疆场，为国捐躯。

"和平年代一样需要英雄精神。"66 岁的参观者王桂香与 8 名退休的同事从陕西咸阳自驾来到纪念馆，她说，"历史不容忘记，精神需要传承。我们会让子辈孙辈都来看一看，让英雄精神代代相传。"

"游击战、窑洞战、麻雀战、地道战、地雷战……面对敌人，八路军多的是勇气与智慧。"69 岁的参观者吕伟来自陕西，他说，"现在，世界面临百年未有之大变局，中国前进的道路上遭遇了疾风骤雨，怎么办？我觉得最需要不信邪、不怕压，有八路军这一股子精气神，就'不管风吹浪打，胜似闲庭信步'。"

决定的因素是人不是物——赓续红色基因，艰苦奋斗、善于斗争

"伫马太行侧，十月雪飞白。战士仍衣单，夜夜杀倭贼。"这是 1939 年朱德总司令在武乡写下的诗句，展现了八路军战斗的艰苦卓绝、英勇顽强。

纪念馆内的一处八路军和日军的武器对比展陈，吸引参观者驻足。一边是八路军的步枪、大刀、红缨枪，一边是日军的机枪、大炮，武器之悬殊一目了然。

"毛泽东同志说：'武器是战争的重要因素，但不是决定的因素，决定的因素是人不是物。'八路军将士们尽管衣衫单薄、'小米加步枪'，但不畏艰难、百折不挠、艰苦奋斗、善于斗争，所以能取得最终的胜利。"80 后参观者刘艳兵说。

一口打满补丁的行军锅前围了一圈参观者。"这口行军锅有 17 个铁补丁，是国家一级文物。"魏巍说。

1938 年春，日军出动 3 万余人，分九路向晋东南根据地进攻。战斗中，武乡县王家峪村的一位村民发现一位伤势严重的八路军战士抱着一口行军锅不放。战士说，这口锅从长征带到现

在，过草地时煮过草根、皮带，救活过好多战友。牺牲前，战士再三请求把这口锅带走。

后来，彭德怀副总司令听说此事后深受感动，让部队把这口锅好好保存，待到全国解放后将它送进博物馆，让后人知道革命的艰辛。

"现在物质条件好了，艰苦奋斗的精神品质一定不能丢。"刘艳兵说，"展柜中，李聚奎将军的一双打满补丁的行军袜让我感触很深。这双袜子将军穿过、缝补过，他的几位子女也都穿过、缝补过。如果全社会都能像这样传承红色基因，我们的家庭、社会、国家就能蒸蒸日上。"

八路军的物质贫乏，精神却是丰富的。"抗大，全称是中国人民抗日军事政治大学。抗大坚持一面学习，一面战斗。在学习中，学员用膝盖当桌，背包作凳；吃的是小米、高粱、荞麦和黑豆，甚至用野菜充饥。学的却有马克思主义哲学、政治经济学、科学社会主义、抗日民族统一战线、中国革命问题等课程，非常充实。"八路军太行纪念馆副馆长田悦慧说，在对敌斗争中，抗大学员展现出勇往直前、压倒一切的英雄气概。

美国记者埃德加·斯诺在《西行漫记》中十分感慨地写道：这种高等学府全世界恐怕只有这一家。

人民的支持是最大的妙计——军民同心，团结成"一块坚硬的钢铁"

"凶恶的敌人烧我房子，抢我的资财，杀我的头颅……我们为了保卫自己，保卫家乡，保卫根据地，遂一致奋斗，团结一心对付敌人。所以能牺牲自己，决不暴露资财，不暴露军队……"这是一份感人肺腑的"生死合同"，"合同"上，42个姓名、42个红指印依旧清晰可辨。

1942年，日寇对太行抗日根据地实行了惨无人道的"三光政策"，根据地又遭遇百年不遇的旱灾和蝗灾。面对极为艰难的状况，群众的选择是跟着党走。

初冬，朔风凛冽，严寒料峭。武乡县申良沟村每户都派一个代表集中在一口小窑洞里。"宁死不当汉奸！咱村也决不能出汉奸！"村民代表们一致决定，跟着党抗战到底，"'代表'一人负责，如有一个小偷，按群众纪律，实行枪决。"

王云魁、禹树堂、禹富全等在现场拟定的"合同"上一一按下指印……从那一刻起，申良沟村民坚守信念，严守秘密，一次又一次粉碎了日寇的疯狂"扫荡"。

无私奉献、毁家纾难。抗战时期，14万人口的武乡县，有9万多人参加了各种抗日救亡团体，14600多人参加了八路军，2万多人献出了宝贵的生命。勤劳淳朴的武乡人民为八路军缝制军鞋49万余双、捐献军粮240万石，为抗日战争的胜利作出了巨大的牺牲与贡献。

听到这，90后参观者孟卓雅感慨不已，她说："最后一碗米送去做军粮，最后一尺布送去做军装，最后一个亲骨肉送去上战场。军民团结如一家，抵御外侮终胜利。"

"八路军为什么好？"魏巍问观众。"因为共产党是人民的党""八路军是人民的子弟兵",人们纷纷回答道。

有观众指着墙壁上的《三大纪律八项注意》说:"我觉得这里面有答案。"

兵戈火力之战,也是民心向背之争。1949年毛泽东回答"用的是什么妙计"时说,"打仗没有什么妙计,人民的支持是最大的妙计。"

"抗战时期,军民相互支持、鱼水情深,八路军为乡亲们挑水、耕田、助生产,老百姓踊跃参军、运送物资弹药。"田悦慧说,"军民一心,其利断金。"

"胜利的力量源于团结。我们要在党的旗帜下团结成'一块坚硬的钢铁',勠力同心、锐意进取,定能创造新的更大奇迹。"八路军太行纪念馆馆长石永兵说。

凤凰山下,每年有80多万参观者来到八路军太行纪念馆,传承太行精神。

"勿忘国耻,砥砺奋进,乃吾辈青年之责任。"留言簿上,20岁的荣超宇写道。

《人民日报》2025 年 6 月 8 日

一九四一年的银信

/ 刘利元

余伟强说，阿爷一辈子也忘不了 1941 年的春夏。

田里刚刚放了水，村里人拖着秧盆，拎着秧苗，俯身在水田里劳作，嫩绿的诗行在天地间尽情地舒展徜徉。忽然，一阵隆隆的马蹄声打破了平静，一支打着太阳旗、穿着黄色军服的队伍闯进村里。走在村道中间的军官趾高气扬，其他落在水田里的军人正扬鞭打马。

阿爷那时十几岁，真正见了鬼子，才知道什么叫残暴和恐惧。鬼子一家一家砸门，若遇开门迟缓些的，便用枪托打头。进屋看到值钱东西随意抢夺，若有人显出不忿的样子，刺刀便直刺过去。掳掠一番后，又从水田里狂奔而去。阿爷记得，200 多匹战马踏过，早造的水稻全完了……

村里有许多人出洋后，时不时给家里邮来银信，捎个百元十元，信中嘱咐，给这个亲戚分若干，给那个亲戚分若干，对当地人的生活有极大的改善。很多侨眷眼巴巴盼着海外邮来银信。但银信所汇银钱一般只在家族内分配，很少惠及外人。在海外没有亲人的人家怎么办呢？阿爷和几兄弟都在村里种田，没有人出洋，望着被鬼子践踏的稻田，充满忧愁。

早造水稻一天天泛黄，但穗子轻飘飘的，很多只有谷壳没有谷种。不要说晚造的稻种没有着落，连吃的也不够了。在全家人陷入绝望的时候，村里收到一份非常特殊的银信，是旅美的华侨邮给本村所有村民的。

共两页纸，第一页内容如下：

领明、道生、明璞、琳明、圣璋、丕明、圣拱、圣伦、椿明、圣耀、圣赞、卓文暨四村列位兄弟公鉴：昨阅各报所知，台城失陷，邻近村落洗劫一空，闻者痛惜。同人关怀家乡，现在美洲筹有些款救济乡中之难民。是日汇上反纸一张，伸港币二千大元，交明璞、圣章台收下，折合国币分派隔凹、西安、莲洲、潢边四村居于家乡者，不论贫富、男女、老幼，每人享受国币十大元。倘有富者不领受及余存之款，拨归组织看更之用，兼保耕种，以维持治安，公私幸甚，并请筹安。

宏明、圣德、开基、圣质、道俊、圣煦、乃文、国道、普圣、有栋、圣进

仝上

民国三十年五月十二日

第二页是捐款名单，上面写着：

兹收捐款人名开列

德予捐美金四十大元，圣照捐美金三十大元，秋明捐美金三十大元，郁均捐美金三十大元，圣质捐美金十五大元，道璨捐美金十五大元，普圣捐美金十五大元，有栋捐美金十五大元，道俊捐美金十五大元，云圣捐美金十五大元，宏明捐美金十大元，龙攀捐美金十大元，国道捐美金十五大元，×圣捐美金十大元，道南捐美金十大元……

总共有 51 人捐款，最多的捐 40 美元，最少的捐 1 美元，合计 430 美元。

那个年代，华侨出洋非常艰辛。一般是在外做工两年，才能还清出洋所借船票钱。华侨赴美，洗衣居多。每日工作 10 到 15 小时，可以挣到 0.7 至 1 美元，其中吃、住的基本生活开支要占一半。华侨日日劳作，每天不停地浆洗、熨烫，很多人腰椎弯曲、腰腿疼痛，甚至得了静脉曲张。有一首《八磅生涯》的民谣，描述了洗衣店华工的辛苦生活，"一把熨斗八磅重，十二小时手不闲。一周干满七天活，挣了一点血汗钱。拣到洗，熨到叠，为了一碗活命饭，辛苦劳累在金山。"为了家乡父老，这些华侨在最低限度生存生活的情况下，每人捐出两天到两个月的积蓄。

余伟强说，不久太平洋战争爆发，之前赴美务工的余新贤及其堂弟余新伦、余新振、余新伟等加入"飞虎队"地勤队，余新贤获任司令少尉，负责前往学校、中华公所宣传发动，以招募更多适龄华裔青年加入"飞虎队"，回到中国打击日本侵略者，保家卫国。还有更多的华侨加入"一碗饭运动"，每天少吃一碗饭，捐款支持祖国抗战……

今天，这封银信珍藏在广东省台山市台城西郊桂水村史馆，信纸已经发黄，好多字迹漫漶，以至于许多人名只能用"×"代替。

桂水村党支部书记、村委会主任余伟强讲，这封银信村里人代代珍藏，每当看到这封信，讲述往事的老辈人就泪湿眼眶，海内外中华儿女生死与共的一幕幕感人场景仿佛就在眼前。

《人民日报》2025 年 6 月 9 日

真实见证全民抗战

/ 谭利刚

从 1938 年至 1945 年期间，每年"卢沟桥事变"周年纪念日，全国各地都会举行大规模的纪念活动，以追悼阵亡将士和死难同胞。同时，各地普遍设立"献金台"，号召民众捐资，用于"慰劳及抚恤伤亡将士及其家属"，该活动通常被称为"七七"献金。

云南省博物馆藏昆华民众教育馆"七七"献金收据，系 1944 年 7 月云南省立昆华民众教育馆教育厅戏剧巡回教育队，在第七届"七七"献金运动中捐款国币 5100 元后所获得的回执单。

1932 年 4 月，云南省为促进社会教育、提升地方文化水平，以省立博物馆及民众图书馆的原有机构，改组设立省立昆华民众教育馆，承担启迪民众、宣传抗日救亡的重要职责。1950 年 4 月，昆华民众教育馆更名为云南人民文化馆。1953 年，云南省博物馆筹备委员会接收了原云南人民文化馆所藏的文物、书画及各类标本，"七七"献金收据亦于此时一并移交云南省博物馆入藏。

　　云南省的"七七"献金运动由云南全省各界抗敌后援会负责组织实施。据统计，从 1938 年至 1945 年，云南省抗敌后援会组织"七七"献金运动共计 8 次，献金总数超 3000 万元国币。"七七"献金的用途主要是慰问抗战将士。一般情况下云南所募集的"七七"献金中，1/3 上交全国慰劳总会，用于慰问前线作战的将士；另外 1/3 用于慰劳驻守在本省、抗击敌人的部队；剩下的 1/3，则按照规定拨付给各县，作为慰问出征士兵家属的基金。此外，献金中极少部分也用以购置奖品。

　　"七七"献金运动作为全民动员劳军运动之一，在战时社会保障体系中发挥了一定作用。该运动通过募集专项款项，不仅为前线作战部队提供了必要的精神激励和物资支持，还通过发放军属抚恤金等措施，缓解了抗战将士家庭经济困境。

　　这件昆华民众教育馆"七七"献金收据，不仅以直观的实物形式见证了抗战期间普通民众踊跃出资支援抗战、社会各界团结御侮的爱国行动，更是以微观视角生动诠释了全民动员对国家认同感提升、民族凝聚力增强的巨大作用，成为弘扬爱国主义精神和民族精神的重要历史见证物。利用各种纪念日和节日开展捐献活动，是当时的一种主要抗日救国募捐形式。每逢"九一八""八一三""七七"等重大纪念日，大后方和抗日前线都会开展轰轰烈烈的各种形式的募捐活动，各地群众爱国热情高涨，踊跃参与。

《人民日报》2025 年 7 月 8 日

从宋公碑看军民鱼水情

/ 仇金标

位于江苏盐城的新四军纪念馆里，有一块乍看平平无奇的石碑，每年吸引的参观者不计其数。细看，石碑高约2米，材质为汉白玉，碑额上书"宋公纪功碑"。570字的碑文，道出一段感人故事："长堤南起华成北迄淮河，约八十华里，底宽二十一公尺，顶宽三公尺五寸……""宋公"是谁？这段"约八十华里"的大堤是怎样建起来的？

让我们先从革命老区盐城的地理位置说起。盐城东临黄海，历史上，盐城沿海曾饱受海啸、海潮侵袭之苦。1939年8月，盐城北部沿海发生了一场特大海啸，海潮所过之处，茅屋被掀翻，村庄被荡平，良田被吞没，被淹死者1.3万多人……就在此时，中国共产党和新四军站了出来，"挡"在滔天海潮前。

碑文上的"宋公"名为宋乃德，山西省沁源县人，1926年3月加入中国共产党，1940年秋随八路军第五纵队黄克诚部东进，开辟盐阜抗日根据地，任阜宁县抗日民主政府首任县长。为了使民众免遭海潮之苦，阜宁县抗日民主政府将修筑捍海大堤列为头等民生工程，宋乃德负责推进。1941 年 5 月 15 日，修堤工程开工，新四军三师官兵与阜宁县抗日民主政府的党员干部利用战争间隙，带领当地上万民众争分夺秒修筑海堤。

修堤过程异常艰辛。在堵塞最大的堤口五丈河时，突逢大雨，监工员和乡保长奋不顾身跳入水内，在急流中阻挡水力冲击，其余工人迅速挖泥堵塞，经过 11 个小时不停的工作，终于将堤口合龙。就在大堤即将竣工时，敌人加紧了破坏行动，制造"尖头洋惨案"，先后暗杀监工员陈景石、修堤副指挥陈振东等多名党员。但任何困难都无法吓退共产党人，海堤工程最终于 7 月 31 日全线竣工。

这条绵延近 45 公里的捍海大堤，位于盐城市滨海县境内，堤高 3 米，底宽 19 米，蔚为壮观。大堤竣工的第二天，一场特大海啸突然来袭，大堤在一次次冲击中岿然不动，守护了一方家园。沿海居民效仿"范公堤"的命名方式，将大堤命名为"宋公堤"，并刻立"宋公纪功碑"，以表达爱戴之情。

修建宋公堤是新四军到盐阜地区后为人民办的大实事，时至今日依然发挥着阻挡海潮的作用。2021 年，作为中国共产党领导早期水利建设的典范，宋公堤入选首批省级水利遗产名录；2023 年，被水利部列入"人民治水·百年功绩"治水工程项目。

宋公堤是伟大的见证。中国共产党和其领导的新四军、抗日民主政府，在反"扫荡"极端困难的情势下，紧紧依靠党和人民心连心、牢牢依靠人民群众精诚协作，完成了这一"苏北伟大的水利工程"，对扩大发展华中抗日根据地具有重要意义。"从此无有冲家祸，每闻潮声思宋公。"有宋公堤这样的"民心工程"造福于民，新四军得到人民由衷的热爱与拥护。

2019 年，新四军纪念馆提升改造工程启动。由盐城市滨海县人民政府捐赠的"宋公碑"，被列为重要内容之一。纪念馆将其用钢化玻璃罩上加以保护，并创新采用高精度三维扫描和复合 3D 打印技术，成功制作宋公碑的仿制件。2024 年，在"民心向背决定着历史的选择——庆祝中华人民共和国成立 75 周年　新四军纪念馆馆藏革命文物巡回展"中，这件宋公碑的 3D 打印仿制件正式展出。巡展历时 3 个月，接待观众近 8 万人次。

"江山就是人民，人民就是江山。"参观者们不仅能从宋公碑的故事中感受到浓浓的鱼水深情，更能从中汲取到奋进的力量。

《人民日报》2025 年 7 月 26 日

"逃责非丈夫"

——两代科学家的抗战故事

/ 陈 量

　　走进中国人民抗日战争纪念馆，在"为了民族解放与世界和平——纪念中国人民抗日战争暨世界反法西斯战争胜利80周年主题展览"中，观众可以见到叶铭汉的从军纪念戒指、1945年在蓝姆伽训练处汽车学校的毕业证、1945年在陆军辎重兵暂编汽车第一团四营十连的驾驶布标，这些国家一级文物见证了一段荡气回肠的历史。

　　天下兴亡，匹夫有责。抗日战争爆发后，一大批知识分子或是进行抗日救亡宣传，或是改学军事，甚至直接参军奔赴前线。叶企孙、叶铭汉叔侄两代科学家，先后投入抗战洪流，堪称爱国知识分子的典范。

　　叶企孙是中国近代物理学奠基人之一。1937年，北平沦陷，清华大学奉命南迁。清华大学在天津设立了临时办事处，由叶企

274

孙领导，负责帮助清华师生员工南下和照管清华在天津的资产。当时吕正操率领的八路军正在开辟冀中根据地，急缺军事技术人才。吕正操托辅仁大学化学系教师、地下党员张珍征求抗日知识分子到根据地从事技术工作。张珍找到了叶企孙的得意门生熊大缜，叶企孙原想留下熊大缜协助教学工作，但是被熊大缜的爱国热情感动，同意他前往冀中。叶企孙联络、动员、举荐了许多技术人才奔赴冀中根据地，开展军工研制工作。他还筹借了大量资金、物资，秘密转送到冀中根据地。叶企孙到西南联合大学后，一度和冀中抗日根据地仍保持着联系，想办法为冀中筹集资金，购买制造军事装备的物资等。

叶铭汉是叶企孙的侄子，自幼对叔父崇敬有加。1944 年 9 月，他考入西南联合大学土木系。第一学期结束后，叶铭汉报国心切，寒假时便提交了入伍申请。1945 年初，他在学校加入了青年军，学校专门设计制作了一枚戒指，戒指表面刻有红色"联大"字样，颁发给每位从军学子，以作纪念。2 月 3 日，叶铭汉和战友们乘坐运输机，从昆明经"驼峰航线"到印度汀江，开启了受训、服役生活。在汀江，叶铭汉被编入陆军辎重兵暂编汽车第一团四营十连，任下士驾驶兵。经过艰苦的训练，叶铭汉通过了考试，获得了毕业证书。证书是一张中英文正反两面印刷的硬质卡片，颁发日期是 1945 年 3 月 26 日。5 月初，叶铭汉随部队从蓝伽乘坐火车到利多。在利多的两个月里，叶铭汉等又学习了汽车修理技术。7 月初，叶铭汉随部队离开利多，驾驶着吉普车，经中印公路返程归国，随行的美军中校克拉克称赞他们，"彼等为前所未见优良驾驶员，暨彼等有佳之守法精神、合作精神"。7月18日，叶铭汉等终于抵达昆明，受到社会各界和西南联大师生的热烈欢迎。8月15日晚上，日本宣布无条件投降的消息传来，叶铭汉等喜极而泣。

回到北平，叶铭汉进入清华大学物理系学习，后成为著名的实验高能物理学家，对于这段抗战从军史，他说"逃责非丈夫"。2010年，叶铭汉将珍藏多年的从军纪念戒指等捐赠给中国人民抗日战争纪念馆。2024年，叶铭汉去世，安葬于上海市海港陵园叶企孙纪念像旁。

叶企孙、叶铭汉叔侄两代科学家，不仅在科学领域取得极大成就，还在国家危亡的关头，积极投身抗战，书写了爱国报国的壮丽篇章。

《人民日报》2025年8月2日

三十多斤铁门钉

/ 郭　华

　　填仓节的第二天，我赶往河北省肃宁县。平原上杨柳刚刚呈现出朦朦胧胧的绿色，麦田里还有星星点点的残雪。沿途村庄为欢度节日悬挂的大红灯笼依然在风中摆动，传送着春节的余韵。

　　1942年6月8日，在肃宁县雪村发生了一场战斗，冀中军区第八军分区司令员常德善、政委王远音同时牺牲，这是抗战期间冀中根据地最悲壮的战斗之一。为了解雪村战斗的情况，我曾经两次到雪村，遗憾的是没有见到过任何烈士遗物。2024年4月，肃宁县在迁移雪村战斗烈士墓的过程中，发现了大量烈士遗物，特别是31号烈士遗骸双手抱在胸前，手中紧握一枚小圆镜，镜内有一张面容清秀的年轻女性的照片，引起强烈反响，已经有许多家媒体进行了报道。而我一直渴望看看所有的烈士遗物，进一步了解雪村战斗。

　　烈士遗物摆放在肃宁县退役军人事务局会议室的案台上，因为这些遗物均为珍贵文物，所以在场的还有县文旅局的负责人。案台的最里头就是那枚装有照片的小镜子，局长说至今仍然不断有人来认亲，但都不能确认，必须等待 DNA 检测结果。我试探着问：烈士至死仍然抱在胸前的照片，要么是恋人的，要么是母亲的，不可能是包括姐妹在内的别的人。但是，如果是恋人的，那她的 DNA 并不能和烈士匹配，所以，即使有了烈士的 DNA，可能也不能马上确定女子是谁。局长回答：只要有了烈士的 DNA，就可以根据大数据推断出烈士是哪个地区的人，为烈士寻亲的范围就可以缩小，只要能为烈士寻找到亲属，女子的身份就可以确认了。

那位主持烈士遗骸挖掘工作的女同志，为我一件件讲解着遗物。当她拿起一枚铜钱的时候，凝重的神情稍微顿了一下，告诉我：这是从一位烈士的口中发现的。局长补充说：清理出遗骸的头骨时，铜钱仍然被烈士用门牙紧紧地咬着。

我接过那枚铜钱，眼睛湿润了。不知那位受了伤的战士有多痛苦，才至死用力咬住一枚铜钱。

当年被敌人包围在雪村的是冀中军区第八军分区机关和 23 团 2 营，突围的时候，他们选择了若干突破口，边走边打。再加上一度失去联系的 30 团，所以雪村战斗有若干个战场。但是，不论哪一个战场，那一天在雪村一带同日寇交战的只有八路军。这一次挖掘的战场在窝北村，遗骸中有儿童，有妇女，遗物中还有一对妇女的耳钉。除去人的遗骸，还包括一匹马的遗骸。他们属于冀中军区第八军分区的序列吗，是机关还是后勤？和那些无名的烈士一样，这也是一支至今不知道番号的队伍。

就在我陷入沉思的时候，局长拿起一枚两寸来长、锈迹斑斑的铁钉，告诉我这是门钉。

战场上怎么会有门钉呢？

原来战斗结束之后，窝北村的乡亲们并没有把烈士就地掩埋，而是集中起来进行了装殓：他们从家里拆下门板，让烈士的遗体躺在门板上，最后门板不够了，又拿来苇席。80多年过去，苇席和门板都化作了泥土，门板上的铁钉却留在泥土里，简单捡拾了一下，就有30多斤。

要拆多少扇门板，才能有30多斤门钉？我不知道。但是这些铁门钉的分量我掂得出来。

肃宁县当年地处冀中抗日根据地的核心区域，在共产党的领导下，冀中能够成为模范根据地，离不开英雄的冀中人民。他们尽自己的全力支持抗战，冒险掩护我们的子弟兵。就在雪村战斗的第二天早晨，一位村民发现村东南的杏树地里有一位受伤的八路军战士，饥渴难耐，正要采摘尚未成熟的青杏吃。村民赶紧上前制止：青杏吃不得，吃了对你的伤口不好。你稍等一下，我去给你拿吃的。村民回家，拿来干粮和水，战士吃喝过后，找部队去了。40年后，一位离休老干部来到雪村，讲了当年发生的事，寻找那位给他送饭送水的老乡，结果在村里住了三四天都没有找到。大家猜测或许是那位老乡为了保守秘密，没有告诉过任何人，或许是我们的老乡觉得帮助八路军做点事，有什么好说的！这样的故事在冀中几乎村村都有。

芒种已过，小麦灌浆，春苗起身，杨柳青青，正是一年中最好的季节。但鬼子的疯狂"扫荡"日甚一日，冀中平原上天天都有枪炮声，百姓们从早到晚没有一刻安宁。本来心情就沉痛，那一天又下起了小雨。初夏的风裹挟着雨，凉飕飕的。窝北村的乡亲们在细心搜寻着战场上烈士的遗体，他们脸上流淌的已经分不清是雨水还是泪水。

乡亲们把烈士遗体抬到一起，一个一个精心地掩埋。那个手握小镜子的烈士，遗骸被清理出来的时候，也许就是那样两只手抱在胸前。要知道，当时烈士的遗体是被乡亲们找到，然后抬到门板上安葬的。如果烈士牺牲的时候就是这个姿势，说明乡亲们在搬动烈士遗体的时候是何等小心翼翼，以求让他保持原来的姿势。如果不是这个姿势，极有可能是乡亲们发现了烈士手里的小镜子，刻意把他的手放在胸前，让他和最爱的人永远贴着心。不论是哪一种情况，那真诚的痛悼，那发自心底的崇敬，都见证了冀中人民和八路军血浓于水的深情。

那个小镜子非常感人，那枚铜钱非常感人，那一枚枚铁门钉同样感人，它们把冀中人民和子弟兵的感情契合在一起，把抗击侵略者的战争和胜利契合在一起，把信念和大地契合在一起。

走出退役军人事务局的办公楼，岁月静好，阳光灿烂，我眼前不停地闪现着那锈满铁锈的门钉。

《人民日报》2025 年 8 月 2 日

草鞋、军号、铸字机

鲜血熔铸巍巍太行

/ 田悦慧

八路军太行纪念馆位于革命老区山西武乡县，是全国唯一一座全面反映八路军抗战历史的大型革命纪念馆。6554 件抗战文物、134 件国家一级文物，讲述了抗日战争全面爆发后，八路军强渡黄河，挺进山西，依托太行山脉建立敌后抗日根据地的英雄故事。

展厅里有一双草鞋，上面的棉线已经断裂，这是叶成焕团长牺牲时穿的。抗日战争爆发后，叶成焕任八路军第 129 师 386 旅 772 团团长，率部先后参加长生口、神头岭、响堂铺等著名战斗，为 129 师在全面抗战初期的"三战三捷"作出重大贡献。

长乐村战斗中，叶成焕在高坡上观察敌军情况时被子弹射中头部。当战士们抬着他后撤时，他留下的最后一句话是："队伍，队伍呢？"叶成焕牺牲时年仅 24 岁。长乐村村民董来旺为他整理遗物时，看到叶团长还穿着一双破旧的草鞋，赶忙拿来一双布鞋给他换上，并将这双草鞋保存下来。朱德特地从八路军总部赶来，向叶成焕遗体告别。129 师师长刘伯承在追悼会上说，叶团长没有辜负党的教育，终于成为一个很好的布尔什维克。

展柜里有一把残缺的军号，铜管布满弹痕，喇叭口扭曲变形，弯曲的手柄上五道指痕深嵌铜胎。这把军号的主人叫崔振芳，山西洪洞县人，18 岁加入中国共产党，1941 年参加黄崖洞保卫战时牺牲，年仅 19 岁。

1941 年 11 月，日军集结 5000 精锐部队进犯黄崖洞兵工厂。11 日拂晓，崔振芳所在的七连驻守天险"翁圪廊"——通往兵工厂的最后屏障。中午时分，日军在数次进攻失败后，开始释放毒气。崔振芳强忍咳嗽，用尽气力吹出防毒号令。最惨烈的搏杀发生在下午 3 时左右，日军分三路强攻南口，崔振芳和另一名小战士卫世华利用地形投掷手榴弹，坚守在吊桥边上。战友卫世华牺牲后，崔振芳独自扛起两箱手榴弹，先后投出 120 余枚手榴弹，炸死日军数十人。突然，一发炮弹在身旁炸响。身材单薄的他，跪着把军号抵在石头上。

经过八昼夜激战，兵工厂保住了。战士们打扫战场时发现，崔振芳的手指仍紧扣着军号，牙齿与号嘴已经熔铸在一起……在烽火连天的岁月里，1700 多名太行号兵把年轻的生命谱成了永恒的号谱。他们平均年龄不足 20 岁，最小的只有 13 岁。

抗战岁月里，新闻不仅是信息，更是凝聚人心的旗帜、刺向敌人的利剑。展厅里，国家一级革命文物、华北《新华日报》印刷厂使用过的铸字机，见证了广大新闻战士对敌斗争的峥嵘岁月。

1939 年 1 月 1 日，《新华日报》华北版在山西沁县后沟村创刊，这是中共中央北方局的机关报，也是华北敌后第一份铅印报纸。报社初创，在日寇重重封锁下，物资匮乏。没有纸，报社全员就收集破布、烂鞋，用小毛驴推磨碾纸浆制成麻纸；没有油墨，就从山上砍来松枝，烧出油墨。为保证报纸印刷，《新华日报》华北版社长兼总编辑何云和工作人员越过日军数道封锁线，几经辗转将这台珍贵的铸字机从重庆背到沁县。

百团大战期间，何云带领记者日夜战斗在最前沿，即审即刻、即校即印，以最快速度报道八路军战士英勇杀敌事迹，极大鼓舞了广大军民的斗志和信心。

《新华日报》华北版的发展壮大，引起敌人的关注和恐慌。1942 年 5 月，日军调集 3 万余兵力，企图摧毁八路军总部，并把摧毁《新华日报》华北版列为重要作战目标。为保护这台铸字机，何云等人将其秘密掩埋在武乡县大坪村的一处房屋之下。不幸的是，5 月 28 日清晨，何云在突围中中弹，壮烈牺牲，年仅 37 岁。与他一同倒下的，还有黄君珏等 40 多位新闻战士。

报社先后经历了 6 次反"扫荡"，7 次搬家。尽管转战频繁、炮火连天，却坚持出版，从未中断。1943 年 9 月，《新华日报》华北版终刊，共出版 896 期。新闻战士以笔为枪打击敌人，用生命保护党的宣传阵地。

80 多年前，无数英雄的中华儿女在太行山上浴血奋战，用血肉之躯筑就了抗击日本侵略者的铜墙铁壁，孕育出光耀千秋的太行精神。

《人民日报》2025 年 8 月 16 日